영어 글쓰기의 기본
The Elements of Style

Copyright©1918 by William Strunk, Jr.
La Comédie Humaine is publishing this original edition of
The Elements of Style, due to its public domain status.

Korean Translation Copyright©2021 by La Comédie Humaine
Korean edition of this book is copyright 2021, La Comédie Humaine

이 책의 한국어판 저작권은 도서출판 인간희극에 있습니다.
저작권법에 의해 한국 내에서 보호를 받는 저작물이므로
무단전재와 무단복제를 금합니다.

영어 글쓰기의 기본
The Elements of Style

윌리엄 스트렁크 2세 지음
William Strunk, Jr.

곽중철(한국외대 통번역대학원장) 감수
김지양 · 조서연 옮김

인간희극

옮긴이 소개

김지양

한국외국어대학교 이탈리아어과 졸업.
한국외국어대학교 통번역대학원 한영과 졸업.
『이것은 자전거 이야기가 아닙니다』, 『강물소리 귀에 쟁쟁하니』, 『마크 슈미트의 이상한 문화 읽기』 등을 번역.

조서연

부산대학교 사범대학 독어교육과 졸업(영어교육 부전공).
한국외국어대학교 통번역대학원 한영과 졸업.
시사 ELS 어학원(2년), 파고다 외국어학원(8년) TOEFL, TOEIC, 시사독해 강의.
Cambridge/RSA CTEFLA(Certificate in Teaching English as a Foreign Language to Adult).
TOEFL 및 TOEIC 만점.

영어 글쓰기의 기본
The Elements of Style

초판 발행
2007년 11월 19일

출간 10주년 기념판 발행
2017년 5월 24일

개정판 발행
2021년 3월 20일 2쇄 2024년 6월 10일

지은이   윌리엄 스트렁크 2세
감수자   곽중철
옮긴이   김지양·조서연
펴낸이   이송준
펴낸곳   인간희극
등   록   2005년 1월 11일 제319-2005-2호
주   소   서울특별시 동작구 사당동 1028-22
전   화   02-599-0229
팩   스   0505-599-0230
이메일   humancomedy@paran.com

ISBN 978-89-956371-5-9 03740

- 잘못 만들어진 책은 구입하신 곳에서 바꾸어 드립니다.
- 값은 뒤표지에 표기되어 있습니다.

이 책에 대하여

『The Elements of Style』은 'The Little Book'이라는 또 다른 이름을 가지고 있다. '그 작은 책' 안에 정확하고 간결하게 영어를 쓰기 위한 모든 방법들이 다 들어 있다는, 감탄의 애칭인 것이다. 실제로 이 책은 잘 쓴 영어와 잘못 쓴 영어를 판단하는 기준으로서 통용되며, 수많은 영미권 작가들과 신문기자, 그리고 writing test를 준비하는 수험생들의 필독서로 인식되고 있다. 또한 『The Elements of Style』 이후에 출간된 영문법, 혹은 영작문 책은 모두 이 책의 아류작이나 확장판이라 할 수 있을 만큼 'The Little Book'의 위치는 독보적이다.

E. B. 화이트와 같은 훌륭한 후학들이 새롭게 편집한 개정판도 많은 사랑을 받고 있지만, 상업적 의도 없이 오직 자신의 수업을 듣는 학생들을 위해 윌리엄 스트렁크 2세가 개인 출판한 이 오리지널 판도 지속적으로 출간되며 핵심 중의 핵심만을 모은 영작문 기본서로서 그 가치를 인정받고 있다.

이번에 출간된 한글 해설판은 현대어법에 맞지 않는 몇몇 부분들을 삭제하거나 수정하여 독자들이 공부하는 데 아무런 불편이 없도록 세심한 주의를 기울였으며, 이 책의 반대편에서부터는 영어원문 오리지널 판 그대로를 읽을 수 있도록 모두 실었다. 한글 해설판과 영어원문을 비교해가며 읽는 것도 영어학습에 많은 도움이 될 것이다.

감수의 글

이 땅에 살면서 영어 때문에 고민해 보지 않은 사람이 있을까? 평생을 영어와 함께 살았다고 볼 수 있는 내가 주위에서 가장 많이 받는 질문도 바로 "어떻게 하면 영어를 잘 할 수 있나요?"이다. 특히, 영문을 읽고 이해는 하는데 자신의 생각을 영어로 표현하기는 너무나 어렵다고 호소하는 사람이 많다.

사실 개인의 영어 실력은 작문 실력을 보면 가장 잘 평가할 수 있다. 글에는 문법, 어휘, 문장부호, 뉘앙스, 문장 구조 등 한 사람의 영어 관련 지식이 총망라되기 때문이다. 바로 이런 이유로 대한민국 대학생이라면 누구나 한번은 치르는 TOEIC 시험에도 최근 작문이 추가된 것이다.

이렇게 그 중요성이 날로 강조되는 영어 작문 능력을 늘리려면 과연 어떻게 해야 할까? 이 책 『The Elements of Style』은 이 중차대한 고민에 명쾌한 해답을 제시해 준다. 1918년에 처음 나온 이 책은 이미 미국에서는 영작문의 바이블로 자리잡은 지 오래다. SAT, TOEFL, GRE, GMAT 등 미국의 표준 영어 시험에는 모두 에세이 과목이 포함되어 있는데, 이 시험을 보는 모든 미국 학생이 이 책을 읽고 글 쓰는 법을 배우며 모든 학교에서도 필독서로 추천하고 있다. 글쓰기를 업으로 삼는 언론인 역시 이 책을 기준으로 삼아 자신의 글을 다듬고, 검증된 필력의 유명 작가들도 '금과옥조 같은 책'이라고 입을 모으며 이 책을 앞다투어 추천하고 있다.

전체 내용이 100쪽도 채 되지 않는 이 작은 책이 100년 가까운 세월 동안 타의 추종을 불허하는 최고의 영작문 교재로 군림한 비결은 무엇일까? 이 책을 한 장 한 장 차분히 읽다 보면 곧 그 이유를 알 수 있다. 바로 말 그대로 명불허전(名不虛傳)이다. 이 책은 영어 작문에서 가장 빈번히 나타나는 실수를 지적하고, 흔히 잘못 사용하는 표현을 바로 잡아주며, 힘있고 효과적인 문장을 쓰기 위해서는 어떤 점에 유의해야 하는지 독자의 가려운 곳을 찾아 긁어준다. 마치 족집게 가정교사가 찾아와 평소 몰라서 답답했던 문제를 시원하게 풀어 주는 듯한 느낌이 든다. 게다가 이 책은 원서를 그대로 번역한 것이 아니라 한국의 영어학도들을 위한 보충설명과 조언이 첨가된 해설판이므로, 독자에게는 더욱 큰 도움이 되리라 믿는다.

오랜 세월 동안 그 가치를 인정 받은 명저가 필자의 통번역대학원 제자인 조서연과 김지양의 신중하고 의욕적인 번역으로 국내 독자를 만나게 되었다. 이 책은 중고생, 대학생, 일반인을 막론하고 영어를 공부하고 사용하는 사람이면 누구나 읽어 보아야 한다. 한 권쯤 소장하고 영어로 글을 쓸 때마다 참고할 필요가 있는 책이다. 이 책을 가까이 하는 독자들은 영작문 실력이 날로 향상되는 기쁨을 맛볼 수 있으리라고 믿어 의심치 않는다.

한국외대 통번역대학원장
곽중철

목 차 ▶▶▶

감수의 글 ·· 6

1. 들어가며 ··· 10

2. 영어 글쓰기의 기본 규칙들 ··· 12

   Rule 1 단수명사의 소유격은 아포스트로피(apostrophe)+s ············· 12

   Rule 2 접속사 하나가 셋 이상의 말을 연결할 때,
           마지막 말을 제외하고, 매번 콤마를 찍는다. ·························· 13

   Rule 3 삽입된 구나 절은 앞뒤에 콤마를 찍는다. ······························ 15

   Rule 4 등위절을 연결하는 등위접속사 and와 but 앞에는
           콤마를 찍는다. ··· 19

   Rule 5 등위절은 콤마로 연결할 수 없다. ·· 25

   Rule 6 한 가족을 둘로 나누지 말라. ·· 27

   Rule 7 문두에 있는 분사구문의 의미상 주어는 반드시,
           문장의 주어와 일치해야 한다. ·· 28

   Rule 8 같은 줄에 단어를 다 넣을 수 없는 경우
           형태와 발음에 따라 단어를 나눈다. ·································· 32

3. 작문의 기본 원칙들 ·· 34

    Rule 9   작문의 단위는 단락 - 한 단락에 한 화제만을 다룬다. ············ 34

    Rule 10 주제문으로 단락을 시작하고 그 주제문에 부합하도록
              단락을 마무리하라. ·· 36

    Rule 11 능동태를 이용하라. ·· 43

    Rule 12 긍정문을 사용하라. ·· 50

    Rule 13 불필요한 단어는 생략하라. ·· 54

    Rule 14 산만한 문장의 나열을 피하라. ·· 59

    Rule 15 대등한 아이디어는 비슷한 형태로. ···································· 61

    Rule 16 연관된 단어는 함께 쓴다. ·· 64

    Rule 17 요약은 동일한 시제로. ·· 69

    Rule 18 문장에서 강조하는 단어는 마지막에. ······························ 72

4. 몇 가지 형식의 문제들 ·· 77

5. 자주 틀리는 단어와 표현들 ·· 81

6. 흔히 철자를 틀리는 단어들 ·· 99

    역자후기 ·· 101

1. 들어가며

이 책은 영문학 학습을 겸한 영작문 수업에 활용하기 위해 쓰여졌다. 이 책의 목적은 간결하고 정확한 영어 문장을 쓰기 위한 필수조건들을 제시하는 것이다. 몇 가지 필수적인 사항들, 어법의 규칙들, 그리고 가장 흔하게 위반되는 작문법들에 초점을 맞춤으로써(2장과 3장), 영작문에 대한 선생님들과 학생들의 부담을 줄이고자 했다. 규칙마다 붙여진 번호를 기준 삼아 원고 교정 시 편리하게 이용할 수도 있을 것이다.

이 책은 영어 문체 영역의 단지 작은 부분만을 다루고 있지만, 저자의 경험으로는 일단 이 책에 담긴 필수적인 사항들만 습득하고 나면, 이를 기준으로 학생들은 자신이 쓴 글에 담긴 문제에 대한 개별 첨삭을 통해 가장 많이 배울 수 있으며, 선생님들은 다른 어떤 교재에서 제시하는 방법보다 더 선호하는 나름대로의 이론 체계를 갖추게 되는 것이 보통이다.

코넬대학교(Cornell University) 영어학과 동료교수들이 본 교재를 집필하는 데 많은 도움을 주었다. 특히, 조지 맥레인 우드(George MacLane Wood)교수는 그의 저서『작가를 위한 조언(*Suggestions to Authors*)』중 일부를 Rule 11에 싣는 데 너그럽게 동의해 주었다.

참고자료 혹은 심화학습을 위해서는 다음 교재들을 추천하고자 한다. 2, 4장과 관련해서 하워드 콜린스(F. Howard Collins)의『작가와 출판자(*Author and Printer*), Henry Frowde刊』,

시카고 대학 출판부(Chicago University Press)의 『문체 매뉴얼(*Manual of Style*)』, 드 벵(T. L. De Vinne)의 『올바른 작문(*Correct Composition*), The Century Company刊』, 호레이스 하트(Horace Hart)의 『작가와 출판자를 위한 규칙(*Rules for Compositors and Printers*), Oxford University Press刊』, 조지 맥레인 우드(George McLane Wood)의 『미 정부간행물출판국의 스타일북 발췌록(*Extracts from the Style-Book of the Government Printing Office*), United States Geological Survey刊』. 3, 5장과 관련해서 아서 퀼러 쿠치 경(Sir Arthur Quiller-Couch)의 『글쓰기의 기술(*The Art of Writing*), Putnams刊』 중, 특히 '전문용어에 관하여(Interlude on Jargon)' 부분이 유익하며, 조지 맥레인 우드(George McLane Wood)의 『작가를 위한 조언(*Suggestions to Authors*), United States Geological Survey刊』, 존 레슬리 홀(John Leslie Hall)의 『영어용례(*English Usage*), Scott, Foresman and Co.刊』와 제임스 켈리(James P. Kelly)의 『글솜씨(*Workmanship in Words*), Little, Brown and Co. 刊』를 추천한다.

훌륭한 작가들이 때때로 작문 규칙을 어긴다는 것은 오래 전부터 나온 말이다. 하지만 그런 경우 대개 독자는 작가가 규칙을 위반하면서까지 추구하고 있었던 어떤 문학적 묘미를 발견하게 된다. 독자는 그런 작가들만큼 잘 할 수 있다는 확신이 서지 않는 이상, 규칙을 따르는 것이 최선의 방법일 것이다. 먼저 일상적 용도에 맞는 간결한 영어 문장 쓰기를 완전히 습득한 후에 문체의 숨겨진 비밀을 찾아서 문학의 거장들을 연구해도 늦지 않다.

2. 영어 글쓰기의 기본 규칙들

Rule 1

단수명사의 소유격은 아포스트로피(apostrophe) + s

이 규칙은 단어의 끝 자음이 무엇이든지 아래와 같이 적용된다.

Charles's friend 　　찰스의 친구
Burns's poems 　　번즈의 시
the witch's malice 　마녀의 악의

미 정부간행물출판국(Government Printing Office, GPO)과 옥스포드 출판사에서도 이 규칙이 적용되고 있다.

예외적으로 –es 나 –is로 끝나는 고대 인명이나 '예수'의 소유격은 *Jesus*'로 아포스트로피 뒤의 's'가 생략되고, *for conscience' sake*(양심에 거리낌이 없도록), *for righteousness' sake*(정의를 위해서) 등의 표현에서도 마찬가지로 's'가 생략된다. 하지만, *Achilles' heel*(아킬레스의 건), *Moses' laws*(모세의 율법), *Isis' temple*(이시스의 신전) 등의 경우에는 소유의 전치사 '*of*'를 사용하여 아포스트로피+s를 대체하는 경우가 흔하다.

the heel of Achilles 　아킬레스 건

the laws of Moses　모세 율법
the temple of Isis　이시스 신전

소유대명사 *hers*, *its*, *theirs*, *yours*, *ours* 등의 경우에는 아포스트로피를 사용하지 않는다.

TIP 1

그렇다면 복수명사의 소유격은?

–s로 끝나는 규칙 복수형 명사는 단어의 끝에 아포스트로피만 찍고 뒤의 's'는 생략하는 것이 원칙이다.

a girls' school(여학교), *babies' breath*(안개꽃), *wolves' paradise*(늑대들의 낙원)

–s로 끝나지 않는 불규칙 복수형 명사는 단수형과 마찬가지로 단어 뒤에 아포스트로피와 's'를 모두 표기해야 한다.

women's wear(여성복), *Brooklyn children's museum*(브루클린 어린이 박물관), *the mice's ability to remember*(쥐들의 기억력)

Rule 2

접속사 하나가 셋 이상의 말을 연결할 때, 마지막 말을 제외하고 매번 콤마를 찍는다.

따라서 다음과 같이 표기한다.

red, white, and blue
빨간색, 흰색 및 파란색

honest, energetic, but headstrong
정직하고 활기가 넘치지만 고집이 센

He opened the letter, read it, and made a note of its contents.
그는 편지를 뜯어서 읽고 내용을 메모했다.

이 규칙 역시 미 정부간행물출판국과 옥스포드 출판사에서 사용되고 있다.

다음과 같이 기업체의 이름인 경우, 마지막 콤마는 생략된다.

Brown, Shipley and Company   브라운시프리 사

etc.(et cetera)와 같은 약어(abbreviation)는 한 단어만 앞에 오더라도 항상 콤마를 찍은 후 사용한다.

TIP 2

약어(略語; *abbreviation*)와 두문자어(頭文字語; *acronym*)는 어떻게 다를까?

abbreviation은 단어나 어구의 철자 중 몇 개를 생략하거나 단어의 첫 글자만 모아서 만든 '약어'를 지칭한다. acronym은 abbreviation 중, 단어의 첫 글자, 즉 두문자를 모아서 만든 명칭만을 따로 지칭하는 것으로 흔히 '두문자어'라고 부른다. 흔히 사용하는 약어의 예로는 bldg. (building),

> Inc. (Incorporated), Ltd. (Limited) 등을 들 수 있고, 두 문자어의 예로는 AIDS (Acquired Immune Deficiency Syndrome), NATO (North Atlantic Treaty Organization), snafu (situation normal all fouled up, 혼란상태) 등을 들 수 있다.

Rule 3

삽입된 구나 절은 앞뒤에 콤마를 찍는다.

The best way to see a country, unless you are pressed for time, is to travel on foot.
시간이 빠듯하지 않다면 한 나라를 둘러볼 수 있는 가장 좋은 방법은 도보여행이다.

 이 규칙은 적용하기 쉽지 않다. 왜냐하면 문장 속에 *however*와 같은 한 단어, 혹은 간단한 어구를 쓰려고 할 때 그것을 삽입된 것으로 볼지, 아닐지를 판단하기 어려울 때가 많기 때문이다. 문장의 흐름을 크게 끊지 않는 경우는 콤마로 묶지 않아도 무방하다. 하지만 흐름의 단절 효과가 크든 작든, 첫 번째 콤마를 찍고 두 번째 콤마를 생략해서는 안 된다.

 따라서,

Marjorie's husband, Colonel Nelson paid us a visit yesterday.
마조리의 남편 넬슨 대령이 어제 우리를 방문했다.

혹은

> My brother you will be pleased to hear, is now in perfect health.
> 기쁜 소식이 있는데, 오빠가 다시 건강해졌어.

와 같은 구두법은 잘못된 용례이다.

이 규칙에 따라 계속적 용법의 관계대명사절(non-restrictive relative clauses)은 콤마로 묶어줘야 한다.

> The audience, which had at first been indifferent, became more and more interested.
> 처음에는 미지근한 반응을 보였던 청중들은 점점 흥미를 나타내기 시작했다.

장소와 시간을 나타내는 관계부사 *where*과 *when* 역시 같은 방식으로 구두점을 찍는다.

> In 1769, when Napoleon was born, Corsica had but recently been acquired by France.
> 나폴레옹이 태어난 해인 1769년은 코르시카 섬이 프랑스의 식민지가 된 지 얼마 지나지 않은 시점이었다.

> Nether Stowey, where Coleridge wrote *The Rime of the Ancient Mariner*, is a few miles from Bridgewater.
> 코울리지가 『늙은 수부의 노래』를 쓴 곳인 네더 스토위는 브리지워터로부터 몇 마일 떨어져 있지 않았다.

위 예문에서 *which*, *when*, *where*가 이끌고 있는 문장은 계속적 용법의 관계사절이다. 앞에 위치한 선행사(The audience, 1769, Nether Stowey)들의 의미를 제한하지 않고 단지 삽입되어 주절의 내용을 보충 설명하고 있다. 따라서 다음과 같이 두 문장의 형태로 독립하여 사용될 수 있는 문장들이 결합되어 있는 것이다.

> The audience was at first indifferent. Later it became more and more interested.
> 청중은 처음에 미지근한 반응을 보였다. 나중에는 점점 흥미로워했다.

> Napoleon was born in 1769. At that time Corsica had but recently been acquired by France.
> 나폴레옹은 1769년에 태어났다. 당시는 코르시카가 프랑스의 식민지가 된 지 얼마 지나지 않은 시점이었다.

> Coleridge wrote *The Rime of the Ancient Mariner* at Nether Stowey. Nether Stowey is only a few miles from Bridgewater.
> 코울리지는 『늙은 수부의 노래』를 네더 스토위에서 썼다. 네더 스토위는 브리지워터에서 몇 마일 떨어져 있지 않다.

반면 제한적, 혹은 한정적 용법의 관계사절(restrictive relative clauses)은 콤마로 분리되지 않는다.

> The candidate who best meets these requirements will obtain the place.
> 이러한 조건을 가장 잘 충족시키는 후보가 그 자리를 차지할 것이다.

이 문장에서 관계사절은 '*candidate*'라는 단어의 의미를 단 한 사람으로 제한하는 기능을 하고 있다. 앞서 나온 예문들과는 달리 이 문장은 두 개의 독립된 문장으로 분리될 수 없다.

TIP 3

관계사의 한정적 용법과 계속적 용법은 어떻게 다를까?

다음에 나오는 문장들을 한번 비교해 보자.

(a) The woman who cuts my hair has moved to another hairdresser's.
   내 머리를 손질하는 여자는 다른 미용실로 옮겼다.

(b) Dorothy, who cuts my hair, has moved to another hairdresser's.
   도로시는 내 머리를 손질하는 미용사인데 다른 미용실로 옮겼다.

(c) That is the woman who wants to buy your car.
   저 사람이 너의 차를 사려고 하는 여자이다.

(d) I've just met Mrs. Smith, who wants to buy your car.
   나는 막 스미스 여사를 만났는데 그녀가 바로 너의 차를 사려고 하는 사람이다.

문장 (a)와 (c)에서는 한정적 용법의 관계사절, 영어 표현으로는 restrictive relative clause 혹은 identifying relative clause로 불리는 관계사절이 사용되었다. 즉 관계사절이 앞에 나온 선행사의 정체를 밝히는(identify) 역할을 하고 있는 것이다. 때문에 관계사절을 생략하면 문장이 홀로 설 수 없다. 반면, 계속적 용법의 관계사절, 영어로는 non-restrictive relative clause 혹은 non-identifying relative clause로 불리는 관계절을 사용하고 있는 문장 (b)와 (d)의 경우는 선행사의 정체가 이미 드러나(identified) 있다. 청자는 도로시와 스미스 여사가 누구인지 이미 알고 있는 상태이며 화자는 혹시나 해서 부연설명을 해 주고 있을 뿐이다. 따라서 관계사절

> 이 생략되어도 홀로 설 수 있다. 계속적 용법의 관계사절에서는 관계사 *that*을 사용할 수 없고, 원래 관계대명사가 목적격일 때는 관계대명사를 생략할 수 있지만 계속적 용법으로 쓰일 때는 목적격이라도 생략이 불가능하다.

*etc.*와 *Jr.* 같은 약어는 문장의 끝에 오는 경우를 제외하고 항상 앞뒤로 콤마를 찍어준다.

삽입 표현 앞뒤로 콤마를 찍는 것은 구나 문장의 주절 앞, 혹은 뒤에 오는 종속절을 콤마로 분리하는 원칙과 유사하다. 이번 Rule 과 Rule *4, 5, 6, 7, 16, 18*에 인용된 예문들에 충분한 예가 제공되어 있다.

삽입 표현 앞에 접속사가 오는 경우 첫 번째 콤마는 접속사 뒤가 아니라 접속사 앞에 찍는다.

> **He saw us coming, and unaware that we had learned of his treachery, greeted us with a smile.**
> 그는 우리가 오는 것을 보았고, 그의 배신에 대해 우리가 이미 알고 있다는 사실을 의식하지 못한 채 미소로 우리를 맞이했다.

Rule 4

등위절을 연결하는 등위접속사 **and**와 **but** 앞에는 콤마를 찍는다.

The early records of the city have disappeared, and the story of its first years can no longer be reconstructed.
그 도시의 초기 역사가 소실되었고 초반 몇 해 이야기를 재구성 하는 일은 더 이상 가능하지 않다.

The situation is perilous, but there is still one chance of escape.
상황은 위태롭지만 아직 탈출의 기회는 있다.

그런데 이러한 유형의 문장은, 전체 문맥에서 분리해서 보면, 다시 쓸 필요가 있는 것 같다. 콤마 앞부분까지의 의미가 충분히 전달되기 때문에 두 번째 문장은 마치 나중에 생각나서 추가한 문장처럼 보이는 것이다. 더구나 접속사 *and* 는 접속사 중 구체성이 가장 약하다. 대등한 두 문장 사이에 *and* 를 사용하면 두 문장 사이에 연결관계가 존재하기는 하지만 구체적으로 말해줄 수는 없다고 말하는 것과 같다. 위의 *and* 로 연결된 예문에서 앞뒤 문장은 인과관계이다. 두 문장은 아래와 같이 수정해 볼 수 있다.

As the early records of the city have disappeared, the story of its first years can no longer be reconstructed.
그 도시의 초기 역사가 소실되었기 때문에 초반 몇 해 이야기를 재구성 하는 일은 더 이상 가능하지 않다.

Although the situation is perilous, there is still one chance of escape.
비록 상황이 위태롭긴 하지만 아직 탈출의 기회는 있다.

접속사가 이끌고 있는 종속절 부분을 구로 간단히 대체할 수도 있다.

Owing to the disappearance of the early records of the city, the story of its first years can no longer be reconstructed.
그 도시 초기 기록의 소실 때문에, 초반 몇 해 이야기를 재구성 하는 일은 더 이상 가능하지 않다.

In this perilous situation, there is still one chance of escape.
이런 위태로운 상황에서도 아직 탈출의 기회는 있다.

하지만, 지나치게 간결한 문장이나 문장의 핵심을 끝에 가서 마무리하는 극적인 형식의 도미문(periodic sentence)을 계속해서 구사하면 역효과가 날 수도 있다. 한번씩 다소 느슨하게 이야기식 나열을 하는 산열문(loose sentence)을 추가하면 문체가 지나치게 딱딱해지는 것을 피할 수 있고 글을 읽는 독자에게도 한결 편하게 다가갈 수 있다. 따라서, 앞서 인용된 느슨한 나열식의 문장은 쉽고 편한 글에서 흔히 발견할 수 있다. 하지만, 이 패턴을 너무 자주 사용하지 않도록 유의해야 한다.(Rule 14 참고)

TIP 4

도미문? 생선이름?

도미문과 산열문은 문장의 구성방식을 설명할 때 사용되는 수사학(rhetorics) 용어이다. 도미문(掉尾文)은 병렬식 구조의 구(phrase)를 계속 나열한 후 마지막에 주어, 동사를 배치해서 문장을 마무리하는 형식을 가진 문장으로 주요 아이디어가 제일 마지막에 등장하므로 클라이맥스 효과를 낼 수 있다. 한자를 보면 '흔들 도', '꼬리 미'자를 사용하고 있는데 꼬리부분에 가서 세게 흔들린다는 뜻을 품고 있다. 도미문 형식의 문장은 마지막에 주어, 동사가 나올 때까지는 화자가 무슨 말을 하고자 하는지 알 수 없기 때문에 독자가 긴장감을 느끼며 관심을 집중한다는 점에서 설득력 있는 웅변스타일로 여겨진다. 『실락원(*Paradise Lost*)』으로 유명한 존 밀튼(John Milton)이나 『전쟁과 평화(*War and Peace*)』를 쓴 톨스토이가 도미문을 구사하는 데 탁월한 재주가 있었으며 영국 윈스턴 처칠 수상도 연설에서 도미문을 자주 사용했다고 한다. 마침표를 영국영어에서는 full stop이라고 부르지만 미국영어에서는 *period* 라고 하는데 이 단어는 도미문을 뜻하는 영어표현, periodic sentence에서 파생되었다고 한다. 산열문(散列文)은 도미문의 정반대 스타일로 주어, 동사를 먼저 사용하여 표현하고자 하는 아이디어를 미리 말한 후 계속해서 수식어구를 병렬식으로 나열하는 문장구조이다. 구어체(colloquial style)의 글에서 주로 사용되며 글이 산만해 보이기 쉽다. 따라서 영어로도 loose(느슨한) sentence라고 부르며 한자어로도 '흩어져서 줄지어 오는' 문장이라 되어있다. 그렇다면 Seeing is believing, 백문이 불여 일견이라고 아래 예문으로 두 스타일을 한번 비교해보자.

도미문: Overcoming radio communication problems and fighting against strong winds and nearly impenetrable ground fog, the plane landed safely.
무선통신 문제를 극복하고, 강풍과 사투를 벌이며, 거의 한치 앞도 보이지 않는 지상 안개를 뚫고, 비행기는 안전하게 착륙했다.

산열문: He will buy the car, whatever price the owner may ask, whether his parents agree or disagree, and regardless of the fact that he already has three other cars collecting dust in the garage.

> 그는 그 차를 살 것이다. 차주인이 얼마의 값을 부르든 간에, 그의 부모가 동의하거나 반대하든 상관 없이, 이미 다른 세 대의 먼지 쌓인 차가 차고에 있다는 사실을 고려하지 않고.

두 문장으로 이루어져 있고 두 번째 문장을 이끄는 접속사가 *as* (*because*(~때문에)의 의미), *for, or, nor, while*(*and at the same time*(~하는 반면에)의 의미) 등인 경우도 접속사 앞에 콤마를 찍는다.

TIP 5

접속사 for는 because와 어떻게 다를까?

우선 기능상의 차이는 *for*는 등위접속사(coordinating conjunction), *because*는 종속접속사(subordinating conjunction)라는 것이다. 즉 *for*는 등위절 혹은 독립절(independent clause)이라 불리는 두 개의 대등한 절을 연결시키고, *because*는 주절(main clause)과 종속절(subordinate clause)이라 불리는 주종관계의 절을 연결시킨다. 접속사 *for*가 사용된 문장처럼 등위절+등위절로 이루어진 문장 구조를 중문(compound sentence)이라 하고 *because*가 사용된 문장처럼 주절+종속절로 이루어진 문장을 복문(complex sentence)이라 부른다. *for*는 *and, but, or, so, yet, nor*와 함께 등위접속사에 속하기 때문에 반드시 두 문장의 중간에 위치해야 하지만 첫 문장에 마침표를 찍고 두 번째 문장을 *for*로 시작하는 경우는 있다(아래 예문 참조). *because*는 다른 종속접속사들과 마찬가지로 문두와 문중에 다 쓰일 수 있다.

It is morning, for I can hear Mom yelling at us from downstairs. (o)
엄마가 아래층에서 우리에게 고함치시는 소리가 들리는 걸 보니 아침이다.

For I can hear Mom yelling at us from downstairs, it is morning. (x)

It is morning. For I can hear Mom yelling at us from downstairs. (o)
아침이다. 엄마가 아래층에서 우리에게 고함을 치시는 소리가 들리니까.

의미상으로는 *because*가 직접적 원인을, *for*는 부가적 이유를 나타낸다. 위에 인용한 예문에 *because*를 쓸 수 없는 것은 엄마가 아래층에서 고함치는 소리가 들린다는 것이 아침이 온 직접적인 원인은 아니기 때문이다. 따라서, *for*는 의문사 *Why*에 대한 응답으로 사용할 수 없으며 구어체에는 잘 쓰지 않고 형식적이고 문학적인 문맥(formal and literary use)에서 주로 사용한다.

두 개의 등위절로 이루어진 중문에서 두 번째 등위절이 종속절, 혹은 콤마로 분리될 필요가 있는 구를 포함하고 있을 때, 종속절이나 구가 끝나는 지점에는 콤마를 찍지만 시작지점, 즉 접속사 뒤에는 콤마가 필요없다.(Rule 3 마지막 예문 참조)

The situation is perilous, but if we are prepared to act promptly, there is still one chance of escape.
상황이 위태롭지만 우리가 즉각적으로 행동할 준비가 되어 있다면 아직도 탈출의 기회는 있다.

두 문장이 부사로 연결된 경우에 대해서는 Rule 5를 참고하라.

Rule 5

등위절은 콤마로 연결할 수 없다.

문법적으로 완전한 두 개 이상의 절이 접속사 없이 하나의 중문을 형성하고자 한다면 세미콜론을 사용하는 것이 좋다.

> Stevenson's romances are entertaining; they are full of exciting adventures.
> 스티븐슨의 로맨스가 재미있는 이유는 흥미진진한 모험으로 가득 차 있기 때문이다.

> It is nearly half past five; we cannot reach town before dark.
> 거의 5시 반이 되었기 때문에 우리는 해지기 전에 마을에 도착할 수 없다.

세미콜론 대신 마침표를 사용하여 두 문장으로 만들어도 상관없다.

> Stevenson's romances are entertaining. They are full of exciting adventures.
> 스티븐슨의 로맨스는 재미있다. 그 이야기들은 흥미진진한 모험으로 가득 차 있다.

> It is nearly half past five. We cannot reach town before dark.
> 거의 5시 반이다. 우리는 해지기 전에 마을에 도착할 수 없다.

접속사가 삽입되는 경우 적절한 구두점은 콤마이다. (Rule 4)

Stevenson's romances are entertaining, for they are full of exciting adventures.
스티븐슨의 로맨스는 흥미진진한 모험으로 가득 차 있기 때문에 재미있다.

It is nearly half past five, and we cannot reach town before dark.
거의 5시 반이 되었고 우리는 해지기 전에 마을에 도착할 수 없다.

두 번째 문장 앞에 *accordingly, besides, so, then, therefore, thus* 등과 같은 부사가 사용되거나 접속사가 없는 경우는 세미콜론을 반드시 삽입해야 한다.

I had never been in the place before; so I had difficulty in finding my way about.
전에 그 곳에 간 적이 없어서 길을 찾아 다니느라 애를 먹었다.

하지만 일반적으로, 위와 같은 방식의 *so*를 사용하지 않는 편이 좋다. 왜냐하면 *so*는 한번 이런 식으로 사용하기 시작하면 계속 쓰기 쉽기 때문이다. 간단하면서도 유용한 해결책은 첫 문장을 접속사 *as*로 시작하는 것이다.

As I had never been in the place before, I had difficulty in finding my way about.
전에 그 곳에 간 적이 없었기 때문에 길을 찾아 다니느라 애를 먹었다.

두 문장이 아주 짧고 구조가 유사한 경우는 콤마로 연결할 수도 있다.

Man proposes, God disposes.
인간은 제안하고, 신은 처리한다(= 계획은 인간이 하고 성패는 하늘이 다룬다).

> The gate swung apart, the bridge fell, the portcullis was drawn up.
> 문이 활짝 열렸고, 다리가 내려졌으며, 내리닫이 격자문이 올라갔다.

Rule 6

한 가족을 둘로 나누지 말라.

다시 말해서, 콤마를 쓸 자리에 마침표를 사용해서는 안 된다는 것이다.

> I met them on a Cunard liner several years ago. Coming home from Liverpool to New York.
> 몇 년 전 큐나드 크루즈에서 그들을 만났다. 리버풀에서 뉴욕으로 돌아오면서.

> He was an interesting talker. A man who had traveled all over the world, and lived in half a dozen countries.
> 그는 말솜씨가 좋은 사람이었다. 전세계를 여행하고 6개 국가에서 산 적이 있는 남자.

위 두 예문에서 첫 번째 마침표는 콤마로 바꿔야 하고 그 뒤에 오는 단어는 소문자로 시작해야 한다.

뜻을 강조하기 위한 단어나 표현의 경우에는 완전하지 않아도 문장처럼 사용하고 그에 따라 구두점을 찍을 수 있다.

> Again and again he called out. No reply.

되풀이하여 그는 외쳤다. 응답이 없다.

하지만, 강조가 확실히 되도록 분명히 해야 한다. 잘못하면 구두법이 틀린 것으로 오해 받을 수 있다.

Rule 3, 4, 5, 6은 일반적인 문장에서 가장 중요한 원칙이기 때문에 습관처럼 자연스럽게 적용할 수 있도록 철저히 습득해야 한다.

Rule 7

문두에 있는 분사구문의 의미상 주어는 반드시 문장의 주어와 일치해야 한다.

Walking slowly down the road, he saw a woman accompanied by two children.
길을 따라 천천히 걷다가 그는 두 아이와 함께 오고 있는 한 여자를 보았다.

길을 따라 천천히 걷고 있는 사람은 문장의 주어인 그(he)이며 목적어인 한 여자(a woman)가 아니다. 천천히 걷고 있는 사람이 그 여자라고 표현하고 싶다면 문장을 다음과 같이 고쳐야 한다.

He saw a woman, accompanied by two children, walking slowly down the road.
그는 두 아이를 데리고 길을 따라 천천히 걸어오고 있는 한 여자를 보았다.

분사구문이 접속사나 전치사로 시작되거나 동격의 명사, 형용사, 형용사구로 이루어진 경우에도 똑같은 규칙이 적용된다.

틀린문장	On arriving in Chicago, his friends met him at the station. 도착한 사람이 '친구들'이 아니라 '그'라면 이 문장은 잘못된 것이다.
바른문장	When he arrived (or, On his arrival) in Chicago, his friends met him at the station. 그가 시카고에 도착했을 때 그의 친구들은 역에 그를 마중 왔다. ※종속절의 의미상 주어를 확실히 밝히면 문장의 주어 선택이 자유로워진다.
틀린문장	A soldier of proved valor, they entrusted him with the defence of the city. 용기 있는 군인은 그들이 아니라 '그'이다
바른문장	A soldier of proved valor, he was entrusted with the defence of the city. 용맹함으로 잘 알려진 그 군인은 도시를 방어하는 임무를 부여 받았다.
틀린문장	Young and inexperienced, the task seemed easy to me. 젊고 경험이 없는 것은 과제가 아니라 '나'이다
바른문장	Young and inexperienced, I thought the task easy. 젊고 경험도 없었지만 나는 그 과제가 쉽다고 생각했다.
틀린문장	Without a friend to counsel him, the temptation proved irresistible. 충고해 줄 친구가 없는 것은 유혹이 아니라 '그'이다
바른문장	Without a friend to counsel him, he found the temptation irresistible. 충고해 줄 친구가 없는 그는 그 유혹이 뿌리치기 힘들다고 생각했다.

The Elements of Style

이 규칙을 어기면 우스운 문장이 만들어지는 경우가 많다.

Being in a dilapidated condition, I was able to buy the house very cheap.
내가 다 쓰러져가는 상태에 있어서 그 집을 아주 싸게 살 수 있었다.
(역주 : 다 쓰러져가는 상태에 있는 것은 집이지 '내'가 아니다.)

TIP 6

분사구문과 부사절은 원래 쌍둥이였다.

다음 두 문장을 한번 비교해 보자.
(a) While I was walking on the street, I ran into one of my old friends.
길을 가다가 옛 친구 한 명을 우연히 만났다.

(b) Walking on the street, I ran into one of my old friends.
길을 가다가 옛 친구 한 명을 우연히 만났다.

문장 (a)는 시간 접속사 *while*을 이용한 부사절, 문장 (b)는 현재분사를 이용한 분사구문을 사용하고 있다. 두 문장은 동일한 의미를 지니지만 문장 (a)는 집에 와서 엄마에게 오늘 있었던 일을 얘기할 때 쓰는 패턴이라고 한다면 문장 (b)는 오늘 일을 일기장에 옮길 때 쓸 수 있는 패턴이라고 생각하면 된다. 즉, 구어체에서는 접속사가 있는 부사절을 주로 사용하고, 문어체에서는 접속사와 주어가 없어도 의미전달에 지장이 없는 경우 문장의 간결성을 위해서 분사구문을 주로 사용한다. 일반적으로 사람들은 귀로 들을 때보다 눈으로 읽을 때 이해력이 더 높기 때문이다. 말을 하면서 분사구문을 사용한다고 생각하면 듣는 사람은 생략되고 없는 접속사나 주어를 생각하느라 피로해 질 수 있다.

TIP 7

댕글 매달린 현수분사 구문

영어로 dangling participle, hanging participle, unattached participle이라고 부르는 현수분사 구문은 분사구문의 의미상 주어가 주절의 주어와 다른데도 의미상의 주어가 밝혀져 있지 않은 비문법적 구문이다.

(a) Walking back home yesterday, a tree nearly fell on my head. (x)
어제 집으로 걸어오던 나무 하나가 내 머리 위에 떨어질 뻔 했다.

(b) As I was walking back home yesterday, a tree nearly fell on my head. (o)
어제 집에 걸어오다가 쓰러지는 나무에 머리를 맞을 뻔 했다.

(c) Writing carefully, dangling participles must be avoided. (x)
조심스럽게 글을 쓰는 현수분사 구문은 회피되어야 한다.

(d) Writing carefully, you must avoid dangling participles. (o)
조심스럽게 글을 써서 현수분사 구문을 피해야 한다.

문장 (a)는 집으로 걸어오는 주체가 나무가 되어버린다. 문장 (c)는 조심스럽게 글을 쓰는 주체가 현수분사 구문이다. 부사절을 분사구문으로 바꿀 때 가끔 이런 실수가 나타날 수 있다. 문장 (b)와 같이 종속절인 부사절과 주절의 주어가 다른 경우는 처음부터 분사구문으로 고치지 않는 편이 더 낫다. 문장 (c)의 경우는 (d)와 같이 주절을 능동태로 변환시켜 분사구문의 주어와 주절의 주어를 일치시키면 비논리적이고 비문법적인 현수분사 구문을 피해갈 수 있다.

Rule 8

같은 줄에 단어를 다 넣을 수 없는 경우, 형태와 발음에 따라 단어를 나눈다.

같은 줄에 한 단어의 한 두 음절이 들어갈 공간은 있지만 단어 전체가 들어갈 공간이 없으면 단어를 분할해야 한다. 하지만, 한 글자만 남거나 긴 단어의 두 글자만 남는 상황은 피해야 한다. 모든 단어에 적용되는 확실하고 간편한 규칙은 없지만 가장 흔히 적용되는 원칙은 다음과 같다.

A. 단어를 형태에 따라 나눈다.

know-ledge (not knowl-edge); Shake-speare (not Shakes-peare); de-scribe (not des-cribe); atmo-sphere (not atmos-phere);

B. 모음에서 나눈다.

edi-ble(not ed-ible); propo-sition; ordi-nary; espe-cial; reli-gious; oppo-nents; regu-lar; classi-fi-ca-tion (3번 분할 가능); deco-rative; presi-dent;

C. 중복자음의 경우 그 사이를 나눈다. 단, 중복자음이 단음절 어의 끝에 오는 경우는 두 자음 사이를 나눌 수 없다.

Apen-nines; Cincin-nati; refer-ring; but tell-ing.

그 밖의 자음 조합을 분할하는 방법은 아래의 예를 통해서 잘 알 수 있다.

for-tune; pic-ture; presump-tuous; illus-tration; sub-stan-tial (둘 중 하나); indus-try; instruc-tion; sug-ges-tion; incen-diary.

공들여 출판된 책을 몇 페이지만 참고해 보면 음절 분할에 대해 잘 알 수 있을 것이다.

3. 작문의 기본 원칙들

> **Rule 9**
> 작문의 단위는 단락 - 한 단락에 한 화제만을 다룬다.

범위가 좁거나 간단한 주제는 화제 별로 나눌 필요가 없다. 따라서 간단한 설명, 문학작품 요약, 단일 사건 서술, 어떤 행동에 대한 간략한 개요, 단일 아이디어의 전개 등과 같은 경우는 한 단락 내에서 처리가 가능하다. 그리고는 그 단락을 세분화 하는 것이 더 나을지 한번 더 고민해 봐야 한다.

하지만, 처음부터 어떤 주제를 화제 별로 세분화해야 하는 경우에는 화제 하나가 한 단락을 구성해야 한다. 한 단락에 한 화제만을 다루는 이유는 독자의 이해를 돕기 위해서이다. 새로운 단락이 시작된다는 것은 독자에게 새로운 화제의 전개를 알리는 신호를 보내는 것과 같다.

세분화의 정도는 작문의 길이에 따라 차이가 날 수 있다. 예를 들어, 책이나 시를 간단히 소개하는 글은 한 단락으로 구성될 수 있다. 길이가 약간 더 길 경우에는 다음처럼 두 단락으로 나눌 수도 있다.

A. **작품 설명**

B. 비평적 토의

문학수업에 제출할 어떤 시에 대한 리포트는 7개의 단락으로 구성될 수 있을 것이다.

A. 구성 및 출판 관련 사실
B. 시의 종류, 율격
C. 주제
D. 주제 처리
E. 주목할 만한 부분
F. 작가의 특색이 드러나는 부분
G. 타 작품과의 관련성

단락 C와 D는 시에 따라 다양한 내용으로 구성될 수 있을 것이다. 일반적으로, 단락 C는 필요하다면 해당 시의 실제, 혹은 가상의 배경(상황)을 소개하면서 주제를 밝히고 그 주제가 어떻게 전개되는지 요약한다. 만약 시 전체가 3인칭 시점으로 쓰여졌다면 단락 C는 시적 화자의 행동을 간결하게 요약하는 것만으로도 완성될 수 있다. 단락 D에서는 시의 주제를 먼저 말하고 그 주제가 어떤 방식으로 두드러지게 나타나고 있는지 설명하거나, 시의 전개에서 어떤 점이 주로 강조되고 있는지를 설명하는 것으로 할애할 수 있을 것이다.

소설의 경우 다음과 같은 표제 하에서 토의될 수 있다.

A. 배경
B. 구성
C. 등장인물

D. 목적

역사적 사건의 경우 다음과 같은 표제를 구성할 수 있다.

A. 사건 배경
B. 사건 전개
C. 사건 결과

B와 C 두 주제를 다룰 때는 단락을 하나 이상으로 세분해서 설명해야 하는 경우도 많을 것이다.

일반적으로 한 문장이 한 단락을 구성할 수는 없다. 단, 설명이나 주장을 하는 단락 사이에 들어와서 위 단락과 아래 단락이 어떤 관계인지 표시하는 한 문장이, 한 단락으로 쓰이는 경우는 있다.

한편, 대화체에서는 한 단어만으로도 한 단락이 될 수 있다. 즉, 화자가 바뀔 때 마다 새로운 단락이 시작된다. 대화와 서술이 결합될 때 이 규칙이 어떻게 적용되는지는 소설 작품을 보면 가장 잘 알 수 있다.

> **Rule 10**
>
> 주제문으로 단락을 시작하고 그 주제문에 부합하도록 단락을 마무리하라.

역시 독자를 돕기 위함이다. 이 방식을 따르면 독자는 한 단락이 시작될 때, 단락의 목적을 알게 되고 그 단락을 끝내면서 그 목적을 다시 한번 기억하게 된다. 특히 설명문과 논설문은 아래와 같이 구성하는 것이 가장 좋다.

- A. 시작부분에 주제문이 등장한다.
- B. 이어지는 문장들은 주제문을 설명, 입증, 전개한다.
- C. 마지막 문장은 주제문에 나타난 생각을 강조하거나 어떤 중요한 결과를 제시한다.

주제문에서 벗어난 문장이나 중요하지 않은 세부적 내용으로 단락을 마무리하지 않도록 조심해야 한다.

아주 긴 글의 한 부분을 구성하고 있는 단락은 이전 단락과 어떤 관계가 있는지, 전체 글에서 그 단락이 어떤 역할을 하는지를 나타낼 필요가 있다. 이를 위해 때때로 단락을 시작하는 주제문에 *again*(역시), *therefore*(따라서), *for the same reason*(같은 이유로)와 같은 한 단어나 구를 추가하는 것도 좋은 방법이다. 하지만 주제문에 앞서 한 두 문장을 넣어서 새로운 주제의 도입이나 전환을 알리는 방식이 더 적절할 때도 있다. 이런 경우에 두 문장 이상이 필요하면 주제 전환 문장을 별도의 단락으로 분리하는 것이 좋다.

글을 쓰는 사람의 의도에 따라 주제문과 단락의 본론 부분을 다양한 방식으로 연관 지을 수 있다. 주제문에 이어지는 문장에서 주제문을 다른 형식으로 재진술 하거나, 용어를 정의하거나, 반대의 경우를 부정하거나, 구체적인 실례를 드는 방식을 통해서 주제문의 의미를 더 명확하게 만들 수 있다. 증거를 제시하여 주제문을 입증하거나, 주제문이 품고 있는 뜻과 결과를 보여줌으로

써 주제문을 더 전개해 나갈 수도 있다. 단락이 길면 이러한 과정 중 몇 가지를 함께 시도해 볼 수도 있을 것이다.

(역주: 다음에 제시되는 두 가지 예문은 주제문을 앞세워 한 단락을 전개해나가는 방법에 대한 좋은 예시가 될 것이다.)

1. 주제문	Now, to be properly enjoyed, a walking tour should be gone upon alone. 제대로 즐기고 싶다면 도보여행은 혼자 가는 것이 좋다.
2. 반대의 경우를 제시함으로써 의미가 더 명확해진다.	If you go in a company, or even in pairs, it is no longer a walking tour in anything but name; it is something else and more in the nature of a picnic. 여럿이 혹은 짝을 지어 가면 이름만 도보여행이 되어 버리는 경우가 많다. 도보여행이라기 보다는 소풍에 더 가까워진다.
3. 주제문을 간결하게 반복하고 세 가지 이유를 제시한다. 세 번째 이유 (제 속도대로 걸어야 한다)는 반대의 경우를 제시하여 더 명확히 하고 있다.	A walking tour should be gone upon alone, because freedom is of the essence; because you should be able to stop and go on, and follow this way or that, as the freak takes you; and because you must have your own pace, and neither trot alongside a champion walker, nor mince in time with a girl. 도보여행은 홀로 가야 한다. 자유가 도보여행의 진수이기 때문이다. 멈추고 싶을 때 멈추고, 가고 싶을 때 가고, 마음 내키는 대로 이 길 저 길로 갈 수 있어야 한다. 제 속도를 지켜야지, 도보 챔피언과 짝이 되어 쉬지도 않고 또각또각 걷거나 소녀와 보조를 맞추느라 잔걸음으로 걸어서는 안 된다.

4. 네 번째 이유는 두 가지 형태로 진술된다.	And you must be open to all impressions and let your thoughts take colour from what you see. 주변 모든 사물에 마음을 열고 그들이 전하는 느낌을 받아들이며 이런 저런 빛깔로 채색되는 사색을 즐겨보자.
5. 4번과 같은 이유를 다른 형태로 말하고 있다.	You should be as a pipe for any wind to play upon. 지나가는 바람에 노래하는 풍금(風琴), 당신은 그런 풍금이 되어야 한다.
6. - 7. 해즈릿의 책을 인용하여 자신의 주장을 지지한다.	"I cannot see the wit," says Hazlitt, "of walking and talking at the same time. 해즈릿(William Hazlitt)은 말한다."걷고 말하기를 동시에 하는 것은 현명하지 못하다. When I am in the country, I wish to vegetate like the country," which is the gist of all that can be said upon the matter. 시골길을 걸을 때는 그 풍경의 일부가 되고 싶다." 이것이 바로 도보여행의 핵심이다.
8. 해즈릿의 책을 인용한 부분을 표현을 바꿔서 다시 반복한다.	There should be no cackle of voices at your elbow, to jar on the meditative silence of the morning. 명상과 같은 아침의 고요를 깨는 목소리가 옆에 따라와서는 안 된다.

The Elements of Style

9.
네 번째 이유의 마지막 문장은 설득력 있는 결론을 내리기 위해서 과장되고 고조된 언어를 사용한다.

And so long as a man is reasoning he cannot surrender himself to that fine intoxication that comes of much motion in the open air, that begins in a sort of dazzle and sluggishness of the brain, and ends in a peace that passes comprehension.
—Stevenson, *Walking Tours*.

논리적인 생각에서 벗어나지 못한다면 아름다움에 취해 몽롱한 느낌에서 시작되어 이해의 영역을 넘어, 평화로움으로 마무리되는, 자연이 선사하는 멋진 중독을 맛볼 수 없다.

—스티븐슨, 『도보여행』

1.
주제문

It was chiefly in the eighteenth century that a very different conception of history grew up.

역사에 대한 새로운 개념이 나타나기 시작한 시기는 주로 18세기였다.

2.
새로운 개념의 역사가 무엇인지 정의함으로써 주제문의 의미가 명확해진다.

Historians then came to believe that their task was not so much to paint a picture as to solve a problem; to explain or illustrate the successive phases of national growth, prosperity, and adversity.

역사가들은 자신들의 할 일이 상황의 설명이 아니라 문제의 해결이라고 믿게 되었다. 따라서 국가의 성장, 번영, 역경의 연속적인 단계를 설명하거나 실례를 드는 것이 자신들이 과제라고 믿게 되었다.

3.
정의가 확대 설명된다.

The history of morals, of industry, of intellect, and of art; the changes that take place in manners or beliefs; the dominant ideas that prevailed in successive periods; the rise, fall, and modification of political constitutions; in a word, all the conditions of national well-being became the subjects of their works.

도덕, 산업, 지성, 예술의 역사, 태도나 믿음의 변화, 시대를 풍미했던 사상, 정치 조직의 성쇠와 변화 등 다시 말해 국가의 복지와 관련된 모든 조건들이 역사가들의 주제가 되었다.

4.
대조를 통해 정의를 설명한다.

They sought rather to write a history of peoples than a history of kings.

역사가들은 왕의 역사가 아니라 대중의 역사를 기록하려고 노력했다.

5.
역사의 새로운 개념에 있어 또 다른 요소를 소개하여 정의를 보충한다.

They looked especially in history for the chain of causes and effects.

그들이 특히 초점을 맞춘 부분은 인과의 사슬이었다.

6.
결론: 새로운 개념의 역사를 연구하여 나온 중요한 결과를 소개한다.

They undertook to study in the past the physiology of nations, and hoped by applying the experimental method on a large scale to deduce some lessons of real value about the conditions on which the welfare of society mainly depend.
—Lecky, *The Political Value of History*.

그들은 역사 속에서 국가의 생리(生理)를 연구했고, 실험적인 방법을 대대적으로 적용함으로써 사회복지의 주된 토대가 되는 실질적 가치에 대한 교훈을 도출하기를 희망했다.
—레키, 『역사의 정치적 가치』

이야기를 서술하거나 묘사할 때는, 간결하고 포괄적이면서 뒤에 이어질 세부내용들을 하나로 응집시켜주는 문장으로 단락을 시작할 수 있다.

The breeze served us admirably.
산들바람이 기분 좋게 불어왔다.

The campaign opened with a series of reverses.
캠페인은 일련의 실패로 시작되었다.

The next ten or twelve pages were filled with a curious set of entries.
다음에 이어질 열 몇 페이지는 흥미진진한 내용들로 가득 차 있다.

하지만 이런 장치도 너무 자주 사용되면 진부한 느낌을 줄 수 있다. 보다 일반적인 방식은 첫 문장에 그 단락의 주된 내용을 기술하는 것이다.

At length I thought I might return towards the stockade.
마침내, 나는 방책(防柵) 쪽으로 돌아갈지 모른다고 생각했다.

He picked up the heavy lamp from the table and began to explore.
그는 테이블에서 무거운 램프를 집어들고 탐색을 시작했다.

Another flight of steps, and they emerged on the roof.
한 층계참을 더 올라가니 옥상이었다.

하지만, 생동감 있는 묘사로 이루어진 짧은 단락들에는 주제문처럼 보이는 문장이 등장하지 않을 때도 있다. 이런 경우 단락은 주제를 나누는 단위가 아니다. 단락 사이의 공간은 수사학적 휴지(pause) 기능을 하고 행동의 세부묘사를 더 두드러지게 만든다.

Rule 11

능동태를 이용하라.

능동태는 보통 수동태보다 더 직접적이고 힘이 있다.

I shall always remember my first visit to Boston.
나는 보스턴 첫 방문을 항상 기억할 것이다.

My first visit to Boston will always be remembered by me.
나의 보스턴 첫 방문은 항상 나에 의해서 기억될 것이다.

첫 번째 문장이 두 번째 문장보다 낫다. 수동태 문장은 덜 직접적이고 강도가 약하며 간결성이 떨어진다. 두 번째 문장에서 'by me(나에 의해서)'란 부분을 생략함으로써 간결성을 높이려고 시도할 수는 있을 것이다.

> My first visit to Boston will always be remembered.
> 나의 보스턴 첫 방문은 항상 기억될 것이다.

하지만, 이 문장은 명확성이 떨어진다. 이 방문을 항상 기억할 사람이 작가인지, 혹은 밝혀지지 않은 어떤 인물인지, 그도 아니면 온 세상 사람인지 확실치 않다.

그렇다고 해서 수동태를 절대 사용하지 말라는 것은 아니다. 수동태가 때때로 편리하고 필요할 때도 있기 때문이다.

> The dramatists of the Restoration are little esteemed today.
> 왕정복고시대의 극작가들은 오늘날 거의 인정받지 못한다.
>
> Modern readers have little esteem for the dramatists of the Restoration.
> 현대의 독자들은 왕정복고시대 극작가들을 거의 인정하지 않는다.

첫 문장은 왕정복고시대의 극작가들에 관한 단락을 쓸 때 적절한 형태이고 두 번째 문장은 현대 독자의 취향에 관한 단락에 적절하다. 이 예문에서처럼, 문장의 주어 자리에 놓고자 하는 단어가 무엇인가에 따라 문장의 태(voice)가 결정된다.

하지만 일반적으로 능동태로 문장을 구사할 때 글의 전달력이 더 강해질 수 있다. 이는 주로 행동을 묘사하는 글에서 뿐만 아니라 모든 형태의 글에 적용될 수 있다. 묘사나 설명을 하는 글에 등장하는 수많은 단조로운 문장들이 *there is*(~가 있다)' 나

'could be heard(~가 들릴 수 있다)'와 같은 형식적인 표현 대신 타동사의 능동 형태를 사용할 때 힘 있는 어조와 생기 있는 분위기를 전할 수 있다.

> **맥 빠진 문장**
> There were a great number of dead leaves lying on the ground.
> 땅 위에 많은 낙엽들이 놓여 있었다.

> **생기 있는 문장**
> Dead leaves covered the ground.
> 떨어진 나뭇잎이 땅을 가득 덮고 있었다

> **맥 빠진 문장**
> The sound of the falls could still be heard.
> 폭포 소리가 멀리까지 들려왔다.

> **생기 있는 문장**
> The sound of the falls still reached our ears.
> 폭포 소리가 우리 귀에까지 와 닿았다.

> **맥 빠진 문장**
> The reason that he left college was that his health became impaired.
> 그가 학교를 그만 둔 이유는 그의 건강이 손상되었기 때문이었다.

> **생기 있는 문장**
> Failing health compelled him to leave college.
> 악화되고 있는 건강문제로 그는 학교를 떠나야 했다.

맥빠진 문장	It was not long before he was very sorry that he had said what he had. 시간이 얼마 지나지 않아 그는 자신이 했던 말을 후회했다.
생기있는 문장	He soon repented his words. 그는 곧 자신이 한 말을 후회했다.

일반적으로 수동태는 또 다른 수동태를 부르는 경우가 많다.

연이어 수동태가 쓰인 문장

Gold was not allowed to be exported.
금은 수출되는 것이 허용되지 않았다.

수정된 문장

It was forbidden to export gold (The export of gold was prohibited).
금을 수출하는 것이 금지되었다 (금의 수출이 금지되었다).

연이어 수동태가 쓰인 문장

He has been proved to have been seen entering the building.
그가 건물로 들어가는 것이 목격되었다고 증명되었다.

수정된 문장

It has been proved that he was seen to enter the building.
증명된 바에 따르면 그가 건물로 들어가는 게 목격되었다.

수정 이전 예문에서 두 번째 수동태와 관련된 단어 (*gold, he*)가 첫 번째 수동태의 주어로 쓰이고 있다.

(역주: 즉 수동태로 문장을 쓰기 시작하면 연이어 수동태를 쓸 수밖에 없는 구조인 것이다.)

TIP 8

단문 속의 수동태와 복문 속의 수동태

두 번째 세트의 문장을 보고 의아해 하는 독자가 있을 것 같아 보충설명을 하고자 한다.

He has been proved to have been seen entering the building.
It has been proved that he was seen to enter the building.

수동태를 한번 쓰면 또 수동태를 사용해야 하는 경우가 발생한다는 예로 위 두 문장을 비교하고 있지만 사실 위에 나온 예문은 첫 번째 세트의 예문만큼 명확하지는 않다. 왜냐하면 이 두 문장에서는 수동태가 여전히 각각 두 개 씩 등장하고 있기 때문이다. 문법적으로 접근하면 첫 문장은 하나의 문장으로 이루어진 단문(simple sentence)이고 두번째 문장은 주절과 종속절로 이루어진 복문(complex sentence)이다. 저자의 의도는 첫 문장의 경우는 수동태가 한 문장 안에 두 개 들어있는 반면, 두 번째 문장은 전체적으로는 수동태가 둘이지만 문장마다 하나씩 들어있기 때문에 그나마 더 나은 문장이라고 보고 있다.

TIP 9

지각동사가 있는 문장을 수동태로 바꿀 때 유의사항

위 두 문장을 자세히 살펴 본 독자는 *enter* 동사의 형태가 변환되어 있는 것을 발견했을 것이다. 첫 문장의 현재분사가 두 번째 문장에는 to 부정사(to-infinitive)로 사용되어 있다. 어떻게 해서 이런 두 문장이 만들어 질 수 있는가를 이해하기 위해서 지각동사 문장의 수동태 변환을 공부해 보자. 지각동사는 사역동사와 함께 목적어 다음에 동사원형을 사용할 수 있는 특권을 부여 받은 동사이다(다른 동사들은 이 경우에 to 부정사로 처리하는 것이 일반적이다). 지각동사의 경우는 목적어 다음에 동사원형과 현재분사형이 둘 다 올 수 있는데, 약간의 의미 차이가 있다.

I saw him cross the street.
I saw him crossing the street.

두 문장이 다 문법상 문제가 없지만 약간의 뉘앙스 차이가 있다. 가장 간단히 이해하는 방법은, 첫 문장의 경우 좁은 길이었고 그 길을 통과하는 모습 전체를 보았다고 한다면, 두번째 문장은 8차선 도로를 건너는데 가운데쯤 가고 있는 장면을 보았다고 생각하면 된다. 따라서 현재분사를 사용하는 경우가 동작의 진행에 더 포커스를 맞추고 있는 것이다.

위 두 문장을 수동태로 변환해 보자.

He was seen cross the street. (x)
He was seen crossing the street. (o)

현재분사를 사용한 경우는 문제가 없지만 동사원형을 썼던 경우는 문제가 발생한다. 수동태를 만들면서 본동사와 동사원형이 충돌하지 않도록 아슬아슬하게 막아주고 있던 목적어가 주어로 나가버린 것이다. 아무리 특권을 부여받은 지각동사라 하더라도 동사가 이렇게 나란히 이어서 오는 것은 허용되지 않는다. 따라서, 해결책은 다른 일반동사들과 같이 동사원형을 to 부정사로 바꾸는 것이다.

He was seen to cross the street.

본문의 예문에서 *to enter*가 등장하는 것도 바로 이런 이유이다.

수동태와 관련하여 흔히 하는 실수는 전체 행동을 표현하는 명사를 수동태 문장의 주어로 사용하고 정작 동사는 문장을 완성하는 기능 외에는 별다른 기능도 없이 남겨두는 것이다.

비추천문장	A survey of this region was made in 1900. 지역에 대한 조사가 1900년에 이루어졌다.
추천문장	This region was surveyed in 1900. 이 지역은 1900년에 조사되었다.

비추천문장	**Mobilization of the army was rapidly carried out.** 군대의 동원이 급속하게 실행되었다.
추천문장	**The army was rapidly mobilized.** 군대가 급속하게 동원되었다.

비추천문장	**Confirmation of these reports cannot be obtained.** 이 보고서의 확인은 획득될 수 없다.
추천문장	**These reports cannot be confirmed.** 이 보고서들은 확인될 수 없다.

위 세 쌍의 예문에서 첫 문장들과 "The export of gold was prohibited (금의 수출이 금지되었다)." 는 문장을 비교해 보면, 술어부에 있는 동사 prohibited는 주어 export에 함축되어 있지 않은 새로운 내용을 전하고 있는 반면, 동사 made, carried out, obtained는 별다른 의미도 없이 낭비되고 있다.

Rule 12

긍정문을 사용하라.

확실한 주장을 하라. 밋밋하고, 개성 없고, 망설이며, 미지근한 표현을 피하라. 'not'은 반대나 대조의 수단으로 사용해야지 얼버무리기 위한 수단으로 사용해서는 안 된다.

비추천 문장	He was not very often on time. 그는 아주 자주 정각에 오지 않았다.
추천 문장	He usually came late. 보통 그는 늦게 왔다.
비추천 문장	He did not think that studying Latin was much use. 그는 라틴어를 공부하는 것이 그다지 크게 소용 있다고 생각하지 않았다.
추천 문장	He thought the study of Latin useless. 그는 라틴어 공부가 쓸모 없다고 생각했다.
비추천 문장	*The Taming of the Shrew* is rather weak in spots. Shakespeare does not portray Katharine as a very admirable character, nor does Bianca remain long in memory as an important character in Shakespeare's works. 『말괄량이 길들이기』는 어떤 점에서 다소 작품성이 떨어진다. 세익스피어는 캐서린을 아주 존경할 만한 인물로 묘사하지 않고 비앙카 역시 세익스피어 작품에서 중요한 인물로 기억 속에 오래 남아있지 않다.
추천 문장	The women in *The Taming of the Shrew* are unattractive. Katharine is disagreeable, Bianca insignificant. 『말괄량이 길들이기』에 나오는 여자 등장인물들은 매력적이지 않다. 캐서린은 비호감에 비앙카는 중요하지 않은 인물로 나온다.

TIP 10

주절과 종속절 중 누구를 부정할까?

He did not think that studying Latin was much use.
그는 라틴어를 공부하는 것이 그다지 크게 소용 있다고 생각하지 않았다.

이 예문에서 한글로 번역한 문장은 부정문과 긍정문을 대조하기 위해서 가능한 직역을 했기 때문에 다소 어색하다. 더 자연스러운 우리말은 '그는 라틴어를 공부하는 것이 그다지 소용이 없다고 생각했다'일 것이다. 이제 영어문장과 번역문장을 비교해보면 영어는 '*did not think*'로 주절을 부정하고 있고 한글은 '소용이 없다고 생각했다'로 종속절을 부정하고 있다. 이러한 결과는 각 언어의 특징에서 기인한다. 영어는 주절을, 한글은 종속절을 부정하는 것이 더 일반적이다. 즉, 영어권 사람들은 'I don't think', 'I don't believe'를 'I think that … not …', 'I believe that … not …'보다 더 자주 사용하는 경향이 있고, 우리말에서는 '생각하지 않는다', '믿지 않는다'보다 '않다고 생각한다', '않다고 믿는다'는 표현을 더 흔히 사용한다. 다음 두 문장을 직역한 것과 우리말 식으로 의역한 것을 비교해보면 확실히 이해할 수 있을 것이다.

I don't think it is right for the U.S. to continue to reject the Kyoto Protocol.
– 나는 미국이 교토 의정서를 계속 거부하는 것이 옳다고 생각하지 않는다.(직역)
– 나는 미국이 교토 의정서를 계속 거부하는 것이 옳지 않다고 생각한다.(의역)

I personally don't believe it's wrong to remain childless.
– 나는 개인적으로 아이 없이 지내는 것이 잘못이라는 것을 믿지 않는다.(직역)
– 나는 개인적으로 아이 없이 지내는 것이 잘못이 아니라고 본다. (의역)

세익스피어 작품에 대한 마지막 예문을 보면 문장이 부정적일 뿐 아니라 불명확하기까지 하다. 따라서 수정된 문장도 단순한 추측성 문장 밖에 될 수 없는 것이다.

세 예문 모두 '*not*' 이라는 단어에 내재된 '불명확함'을 보여준다. 의식적으로 혹은 무의식적으로 독자는 '~아닌 것'만 듣는 데 만족하지 않고 '~인 것'을 듣고 싶어한다. 따라서 일반적으로 부정의 말을 긍정의 형태로 표현하는 것이 더 낫다.

not honest 정직하지 않은	**dishonest** 부정직한
not important 중요하지 않은	**trifling** 사소한
did not remember 기억하지 못했다	**forgot** 잊었다
did not pay any attention to 주의를 기울이지 않았다	**ignored** 무시했다
did not have much confidence in 많은 신뢰를 갖지 않았다	**distrusted** 불신했다.

긍정과 부정을 대조하는 방식도 강한 힘을 갖는다.

Not charity, but simple justice.
자선이 아닌 정의

Not that I loved Caesar less, but Rome the more.
시저를 덜 사랑했던 것이 아니라 로마를 더 사랑했다.

not 이외의 부정어는 대개 강한 의미를 갖는다.

The sun never sets upon the British flag.
영국 국기 위로 해가 지는 법은 절대 없다.

Rule 13
불필요한 단어는 생략하라.

글의 생명은 간결성이다. 문장 안에 불필요한 단어가 없고 단락 내에 불필요한 문장이 없어야 한다. 그림에 불필요한 선이 없어야 하고 기계에 불필요한 부품이 없어야 하는 것과 같은 이치라고 할 수 있다. 모든 문장을 짧게 만들거나 세부적인 내용을 빼고 주제를 간단하게 다뤄야 한다는 게 아니라 글에 사용된 단어 하나하나가 존재 이유를 갖도록 글을 써야 한다는 것이다.

일상적으로 쓰이는 표현 중에도 이 원칙을 어기고 있는 것들이 많다.

중복 표현	간결한 표현
the question as to whether~ ~인지 아닌지에 대한 질문	whether(the question whether)~ ~인지 아닌지

there is no doubt but that~ ~이하에는 의문의 여지가 없다.	no doubt (doubtless) 의문의 여지 없이
used for fuel purposes 연료 목적을 위해 사용되는	used for fuel 연료용
he is a man who~ 그는 ~한 사람	he~ 그는 ~
in a hasty manner 성급한 방식으로	hastily 성급하게
this is a subject which~ 이것은 ~한 주제이다.	this subject~ 이 주제는 ~
His story is a strange one. 그의 이야기는 이상한 이야기다.	His story is strange. 그의 이야기는 이상하다.

TIP 11

불필요한 중복(redundancy)을 피하자.

미국영어에 pet peeve라는 표현이 있다. 우리말로는 '가장 짜증나는 일' 정도로 옮길 수 있겠다. Dear Abbey라 불리는 신문에 고민상담 칼럼이 있는데 한 독자가 자신의 pet peeve는 ATM machine이라고 말하는 사람들이라고 써 보낸 걸 읽은 적이 있다. ATM이 Automatic(Automated) Teller Machine인데 왜 또 machine을 붙이냐, 바보들 아니냐는 식의 글이었던 것으로 기억된다. 하지만 실제로 많은 사람들이 ATM machine, PIN number(Personal Identification Number,

은행 비밀번호)라고 일상생활에서 사용하며 이것에 딴지를 거는 사람들을 도리어 pet peeve로 생각하는 게 더 일반적이다. 이처럼 우리생활 중에 그야말로 같은 단어를 중복해서 사용하거나 free gift(사은품), in close proximity(아주 가까이)의 경우처럼 의미가 중복되는데도 그냥 사용하는 표현들이 제법 존재한다. 이렇게 사회적으로 수용되는 표현들은 괜찮지만, 문제가 되는 것은 작문을 할 때 이미 표현한 의미를 다른 단어로 중복해서 표현하는 redundancy(의미중복)이다. 중요한 단어나 문장구조의 조심스런 반복은 명확하고 조리 있는 글을 만들어낼 수 있지만, 이미 말한 내용에 어떤 의미도 추가하지 않으면서 자리만 차지하고 있는 표현은 간결한 글쓰기로 가는 길에 노상 장애물과 같은 존재이다. 토플 IBT 시험의 전신인 PBT와 CBT시험, Error Identification 섹션에서 redundancy error를 찾아내는 문제유형이 있었고, 경영대학원 입학시험 GMAT Verbal Section 중 Sentence Correction 섹션에도 redundancy 여부를 테스트 하고 있다. 모르고 쓰기 쉬운 redundancy 표현 몇 가지를 정리해 보자.

(actual) facts (실제적인) 사실
(advance) planning (사전의) 계획
(basic) fundamentals (기본적인) 기본사항
collaborate (together) (함께) 협력하다
(desirable) benefits (바람직한) 혜택
(favorable) approval (긍정적인) 승인
(invited) guests (초대된) 손님
(mutual) cooperation 상호의 (협력)

(past) history (지나간) 역사

Please RSVP (부디) 부디 초대수락 여부를 알려주세요.

reason is (because) 이유는 ~ (때문에) 이다.

warn (in advance) (사전에) 경고하다. etc.

특히 'the fact that' 이란 표현은 나타날 때 마다 제거해야 한다.

owing to the fact that~ that 이하의 사실 때문에	since (because)~ ~ 때문에
in spite of the fact that~ that 이하의 사실에도 불구하고	though (although)~ 비록 ~ 지만
call your attention to the fact that~ that 이하의 사실에 주의를 환기시키다.	remind you (notify you) 상기시키다(알리다).
I was unaware of the fact that~ that 이하의 사실에 대해 의식하고 있지 못했다.	I was unaware that (did not know)~ that 이하에 대해 의식하지 못했다(몰랐다).
the fact that he had not succeeded 그가 성공하지 못했다는 사실	his failure 그의 실패
the fact that I had arrived 내가 도착했다는 사실	my arrival 나의 도착

case, character, nature, system 등과 같은 단어에 관한 설명은 5장을 참고하라.

'who is', *'which was'* 등과 같은 표현도 필요 이상으로 쓰이는 경우가 많다.

His brother, who is a member of the same firm 같은 회사에 다니고 있는 그의 형	His brother, a member of the same firm 같은 회사 사원인 그의 형
Trafalgar, which was Nelson's last battle 넬슨의 마지막 전투였던 트라팔가 해전	Trafalgar, Nelson's last battle 넬슨의 마지막 전투 트라팔가 해전

부정문보다 긍정문이, 수동태보다 능동태가보다 더 간결한 문장이라는 것은 Rule *11*과 *12*에 제시된 많은 예문들이 잘 보여주고 있다.

문장의 간결성을 해치는 흔한 예가 복합적인 하나의 아이디어를 일련의 문장을 동원하여 점진적으로 제시하는 스타일이다. 이런 경우는 한 문장으로 결합하는 것이 보다 효과적이다.

> Macbeth was very ambitious. This led him to wish to become king of Scotland. The witches told him that this wish of his would come true. The king of Scotland at this time was Duncan. Encouraged by his wife, Macbeth murdered Duncan. He was thus enabled to succeed Duncan as king. (55 words.)
> 맥베스는 아주 야심이 컸다. 이 야심 때문에 그는 스코틀랜드의 왕이 되고자 하는 희망을 갖게 되었다. 마녀들이 그의 이런 소망이 이루어질 것이라 예언했다. 당시 스코틀랜드의 왕은 던칸이었다. 아내의 부추김을 받아 그는 던칸을 살해했다. 따라서 그는 던

칸의 뒤를 이어 왕이 될 수 있었다.(55 단어)

Encouraged by his wife, Macbeth achieved his ambition and realized the prediction of the witches by murdering Duncan and becoming king of Scotland in his place. (26 words.)
아내의 부추김을 받아 스코틀랜드 왕 던칸을 살해하여 왕이 된 맥베스는 그의 야심을 성취했고 마녀들의 예언을 이루었다. (26 단어)

Rule 14

산만한 문장의 나열을 피하라.

이 규칙은 특히 두 개의 등위절로 구성되어 있고 접속사나 관계사가 두 문장을 연결하고 있는 경우에 적용될 수 있다. 한 문장인 경우는 나무랄 데 없는 문장이 될 수 있지만(Rule 4 참고), 연속적으로 사용될 경우 글이 단조롭고 따분해지기 쉽다.

글쓰기에 능숙하지 못한 사람은 이런 문장들로 한 단락을 가득 채우기도 한다. 그들은 접속사 *and, but*를 남발하며, 빈도는 조금 더 낮지만 *who, which, when, where, while* 등의 관계사를 계속적 용법으로 사용하며 문장을 질질 이어나간다(Rule 3 참고).

The third concert of the subscription series was given last evening, and a large audience was in

attendance. Mr. Edward Appleton was the soloist, and the Boston Symphony Orchestra furnished the instrumental music. The former showed himself to be an artist of the first rank, while the latter proved itself fully deserving of its high reputation. The interest aroused by the series has been very gratifying to the Committee, and it is planned to give a similar series annually hereafter. The fourth concert will be given on Tuesday, May 10, when an equally attractive programme will be presented.

시즌 콘서트 시리즈 세 번째 행사는 어제 저녁에 열렸고 많은 관중이 참석했다. 에드워드 애플턴이 솔로로 출연했고 보스턴 심포니 오케스트라가 반주를 했다. 애플턴은 최고 수준의 음악가임을 증명했고 보스턴 심포니는 명성에 걸맞은 연주를 보여줬다. 콘서트 시리즈가 불러 일으키고 있는 관심에 대해서 위원회 측은 아주 만족하고 있으며 이후 매년 유사한 콘서트 시리즈를 개최할 것을 계획하고 있다. 4번째 콘서트는 5월 10일 화요일에 개최되고 이전과 비슷한 훌륭한 프로그램이 제공될 것이다.

위 단락은 진부하고 내용이 없다는 것 이외에도 기계적 대칭과 반복이 나타나는 문장 구조로 인해 잘 쓰여진 글이라고 볼 수 없다. 이 문장들은 Rule 10에 인용된 단락에 나온 문장들이나 윌리엄 새커리(William Thackeray) 작품『허영의 시장(*Vanity Fair*)』의 서문 'Before the Curtain'과 같은 멋진 영어 산문에 나오는 문장들과도 대조된다.

설명 형태로 문장을 계속 나열했다는 것을 깨달았다면 많은 문장을 다시 고쳐 써서 글의 단조로움을 없애야 한다. 단문, 두 개의 절이 세미콜론으로 연결된 구조, 두 개의 절로 된 도미문(TIP 4 참조), 세 개의 절을 도미문 형식이나 산열문 형식으로 연결한 구조 등, 어떤 방식을 쓰든지 자신이 표현하고자 하는 생각들 사이의 관계를 가장 잘 나타내주는 형태로 대체해야 한다.

Rule 15

대등한 아이디어는 비슷한 형태로

이번에는 내용과 기능이 비슷한 표현은 겉으로 보기에도 비슷해야 한다는 병렬 구문(parallel construction) 원칙이다. 비슷한 형식을 취함으로써 독자가 내용과 기능의 유사성을 더 쉽게 인식할 수 있도록 하는 것이다. 성서의 십계명(the Ten Commandments), 팔복(the Beatitudes), 주기도문(the Lord's Prayer)이 좋은 예이다.

글을 많이 써 보지 않은 사람은 언제나 다양한 표현 양식을 구사해야 한다는 잘못된 고정관념 때문에 이 원칙을 깨는 경우가 많다. 물론 Rule 10에서 인용한 스티븐슨의 글처럼 강조 목적으로 문장을 반복할 경우에는 형식을 다양화할 필요가 있을 수 있지만, 그 외의 경우에는 병렬 구문 원칙을 따라야 한다.

> **Formerly, science was taught by the textbook method, while now the laboratory method is employed.**
> 이전에는 교과서 방식으로 과학 교육이 이루어진 반면, 현재는 실험실 방식이 도입되었다.
>
> **Formerly, science was taught by the textbook method; now it is taught by the laboratory method.**
> 이전에는 과학 교육이 교과서 방식으로 행해졌으나 현재는 실험실 방식으로 행해진다.

위쪽 예문은 필자가 우유부단하고 소심하다는 인상을 준다. 한 가지 표현 형식을 정해 고수할 능력이 없거나 두려워하는 것처럼 보인다. 반면에 아래쪽 예문은 필자가 스스로 형식을 선택했고 그 선택에 충실하다는 것을 보여준다.

이 원칙에 따라 병렬 표현 전체에 걸리는 관사, 전치사는 반드시 처음에 한 번만 쓰거나 각 단어 앞에 모두 붙이거나 둘 중 하나여야 한다.

잘못된 표현	The French, the Italians, Spanish, and Portuguese
바른 표현	The French, the Italians, the Spanish, and the Portuguese 프랑스, 이탈리아, 스페인, 포르투갈

잘못된 표현	In spring, summer, or in winter
바른 표현	In spring, summer, or winter (In spring, in summer, or in winter) 봄, 여름 또는 겨울에

상관 어구 (*both-and*와 *not-but, not only-but also, either-or, first-second-third* 등) 뒤에는 동일한 문법 구문이 와야 한다. 이 원칙에 어긋난 경우는 문장을 재구성하면 대부분 바로잡을 수 있다.

틀린문장	It was both a long ceremony and very tedious.
	긴 의식이자 아주 지루했다.
재구성	The ceremony was both long and tedious.
	의식은 길고 지루했다.

틀린문장	A time not for words, but action
	말을 할 때가 아니라 행동
재구성	A time not for words, but for action
	말이 아닌 행동을 할 때

틀린문장	Either you must grant his request or incur his ill will.
	그의 요청을 들어 주거나 그의 원한을 사야 한다.
재구성	You must either grant his request or incur his ill will.
	그의 요청을 들어주지 않으면 그의 원한을 살 것이다.

틀린문장	My objections are, first, the injustice of the measure; second, that it is unconstitutional.
	내가 반대하는 이유는 첫째, 그 조치의 부당함, 둘째, 헌법에 어긋나기 때문이다.
재구성	My objections are, first, that the measure is unjust; second, that it is unconstitutional.
	내가 반대하는 이유는 첫째, 그 조치가 부당하기 때문이고, 둘째, 헌법에 어긋나기 때문이다.

Rule 12의 3번째 예문과 Rule 13의 마지막 예문도 참조.

이런 의문이 떠오를 수도 있겠다. 비슷한 아이디어가 아주 많이 있다면 어떻게 표현해야 할까? 그 비슷한 아이디어가 스무 가지라고 해보자. 똑같은 형식의 문장 스무 개를 연이어 써야 하는 것일까? 잘 생각해 보면 그런 상황은 상상 속의 고민에 불과하다는 점을 알 수 있다. 스무 가지의 아이디어는 몇 가지로 분류될 수 있을 것이고, 각 분류 내에서만 병렬 원칙을 적용하면 된다. 아니면 여러 문장들을 하나의 표로 정리함으로써 이런 어려움을 해결하는 것도 훌륭한 방법이다.

Rule 16

연관된 단어는 함께 쓴다.

문장에서 단어의 위치는 단어 간의 관계를 나타내는 주요 수단이다. 따라서 생각이 서로 연관된 단어와 어구는 되도록 붙여 쓰고, 별로 연관성 없는 단어는 떨어뜨려 놓아야 한다.

문장의 주어와 주동사 사이는 구나 절로 분리시키지 않는 것이 원칙이다.

> **비추천 문장**
> Wordsworth, in the fifth book of *The Excursion*, gives a minute description of this church.
> 워즈워드는 『소요』 제5 편에서 이 교회를 상세히 묘사하고 있다.

> **추천문장** In the fifth book of *The Excursion*, Wordsworth gives a minute description of this church.
> 『소요』 제5편에서 워즈워드는 이 교회를 상세히 묘사하고 있다.

> **비추천문장** Cast iron, when treated in a Bessemer converter, is changed into steel.
> 무쇠는 베세머 전로에서 단련되면 강철이 된다.

> **추천문장** By treatment in a Bessemer converter, cast iron is changed into steel.
> 베세머 전로에서 단련하면 무쇠는 강철이 된다.

구나 절의 삽입은 주절의 자연스러운 순서를 방해할 뿐이다. 하지만 관계사절이나 동격 표현의 삽입은 무방하다. 또, 도미문에서는 긴장감 조성을 위해 일부러 흐름을 끊기도 한다(Rule 18의 예문들 참조).

관계대명사는 선행사 바로 다음에 오는 것이 원칙이다.

> **비추천문장** There was a look in his eye that boded mischief.
> 장난기가 어린 그의 눈에는 표정이 있었다.

> **추천문장** In his eye was a look that boded mischief.
> 그의 눈에는 장난기가 어려 있었다.

비추천 문장	He wrote three articles about his adventures in Spain, which were published in *Harper's Magazine*. 그는 스페인에서의 모험에 대한 기사를 세 개 썼는데, 하퍼스 매거진에 발표되었다.
추천 문장	He published in *Harper's Magazine* three articles about his adventures in Spain. 그는 하퍼스 매거진에 스페인에서의 모험에 대한 세 가지 기사를 발표했다.
비추천 문장	This is a portrait of Benjamin Harrison, grandson of William Henry Harrison, who became President in 1889. 이것은 윌리엄 헨리 해리슨의 손자인, 1889년에 대통령이 된 벤자민 해리슨의 초상화이다.
추천 문장	This is a portrait of Benjamin Harrison, grandson of William Henry Harrison. He became President in 1889. 이것은 윌리엄 헨리 해리슨의 손자인 벤자민 해리슨의 초상화이다. 벤자민 해리슨은 1889년에 대통령이 되었다.

선행사가 여러 단어로 구성된 어구일 경우에도 관계사는 선행사 마지막 단어 뒤에 붙는 것이 원칙이다. 하지만 그 의미가 모호해지지 않을 경우에 한해서이다.

의미가 명확하여 원칙을 지킨 표현

The Superintendent of the Chicago Division, who~
~한 시카고 지부의 교육감

> **원칙을 지키면 애매한 뜻이 되는 표현**
>
> ## A proposal to amend the Sherman Act, which has been variously judged~
> 다양한 판단이 존재했던 셔먼법을 수정하자는 제안~
> (다양한 판단이 존재한 것이 수정에 대한 제안인지, 셔먼법 그 자체인지 애매함)
>
> **수정된 표현-1**
>
> ## A proposal, which has been variously judged, to amend the Sherman Act~
> 셔먼법을 수정하자는 제안에 대해서 다양한 판단이 존재하여~.
>
> **수정된 표현-2**
>
> ## A proposal to amend the much-debated Sherman Act
> 많은 논쟁을 불러 일으킨 셔먼법을 수정하자는 제안
>
> **원칙을 지키면 애매한 뜻이 되는 표현**
>
> ## The grandson of William Henry Harrison, who~
> ~인/~한 윌리엄 헨리 해리슨의 손자
> (관계대명사 who가 할아버지를 설명하는지 손자를 설명하는지 애매함)
>
> **수정된 표현**
>
> ## William Henry Harrison's grandson, Benjamin Harrison, who~
> 윌리엄 헨리 해리슨의 손자 벤자민 해리슨은 ~이다.

동격인 명사는 선행사와 관계사 사이에 올 수 있다. 삽입해도 의미가 모호해지기 않기 때문이다.

> ## The Duke of York, his brother, who was regarded with hostility by the Whigs
> 휘그당은 그의 형제인 요크 공작을 적대시했다.

수식어구는 피수식어와 나란히 오는 것이 좋다. 특히 여러 개의 수식어구가 한 단어를 수식할 경우 이 원칙을 지켜야 단어 간의 관계를 잘못 나타내는 실수를 피할 수 있다.

비추천 문장
All the members were not present.
회원 모두가 출석하지 않았다.
(회원 일부가 참석하지 않았다는 뜻으로 쓸 때에는 이런 식으로 쓰면 안 된다.)

추천 문장
Not all the members were present.
모든 회원이 출석한 것은 아니었다.

비추천 문장
He only found two mistakes.
그는 두 가지 실수를 발견하기만 했다.

추천 문장
He found only two mistakes.
그는 두 가지 실수만 발견했다.

비추천 문장
Major R. E. Joyce will give a lecture on Tuesday evening in Bailey Hall, to which the public is invited, on "My Experiences in Mesopotamia" at eight P. M.
R. E. 조이스 소령은 화요일 저녁에 베일리 홀에서 강연을 할 것인데, 일반인이 베일리 홀로 초청되며, 저녁 8시에 '메소포타미아에서의 나의 경험'이라는 제목의 강연이 될 것이다.

추천 문장
On Tuesday evening at eight P. M., Major R. E. Joyce will give in Bailey Hall a lecture on "My Experiences in Mesopotamia." The public is invited.
화요일 저녁 8시에 R. E. 조이스 소령은 베일리 홀에서 '메소포타미아에서의 나의 경험'이라는 제목으로 강연을 할 것이다. 강연 대상은 일반인이다.

Rule 17

요약은 동일한 시제로

희곡의 사건을 요약할 때는 항상 현재 시제를 사용한다. 시, 이야기, 소설의 내용을 요약할 때는 현재 시제를 사용하는 편이 좋지만, 과거 시제도 무방하다. 현재 시제로 요약할 때 이전에 일어난 사건은 완료 시제로 표현한다. 과거로 요약할 경우에는 과거 완료 시제를 사용한다.

> **An unforeseen chance prevents Friar John from delivering Friar Lawrence's letter to Romeo. Juliet, meanwhile, owing to her father's arbitrary change of the day set for her wedding, has been compelled to drink the potion on Tuesday night, with the result that Balthasar informs Romeo of her supposed death before Friar Lawrence learns of the nondelivery of the letter.**
> 예상치 못한 사정으로 존 신부는 로렌스 신부의 편지를 로미오에게 전달할 수 없게 된다. 한편 줄리엣은 아버지가 결혼 날짜를 바꾸는 바람에 화요일 밤에 독약을 마실 수밖에 없게 되었고, 결국 로렌스 신부가 자신의 편지가 전달되지 않았다는 사실을 알기 전에 밸서자는 줄리엣이 죽었다는 소식을 로미오에게 전하게 된다.

요약에서 어떤 시제를 사용했든 간접화법과 간접의문문의 과거 시제는 그대로 둔다.

> **The Legate inquires who struck the blow.**
> 일격을 가한 것이 누구인지 교황사절이 묻는다.

앞서 언급된 예외를 제외하고는 일단 선택한 시제를 통일성 있게 유지해야 한다. 시제를 바꾸면 불확실하고 우유부단하다는 인상을 주게 된다(Rule 15와 비교).

본인이 아닌 다른 사람의 진술이나 생각을 기술할 때는, 에세이를 요약하거나 연설을 기술할 때와 마찬가지로 'he said 또는 he stated(필자는 ~라고 말했다)'나 'the speaker added 또는 the speaker then went on to say(연사는 또한 ~라고 말했다)', 'the author also thinks(필자는 또한 이렇게 생각한다)'등의 삽입을 피한다. 요약문이라는 점을 처음에 명시한 후라면 이를 다시 나타내기 위한 단어는 낭비일 뿐이다.

노트 필기나 신문기사, 문학 편람에서는 요약, 혹은 그 비슷한 절차가 반드시 필요하다. 또한 초등학생에게 요약은 이야기를 자신의 언어로 다시 말해 보는 유용한 연습이 된다. 그러나 문학비평이나 해설에서는 요약을 남용하지 않도록 주의해야 한다. 글에서 다루는 작품의 주제를 나타내거나 상황을 설명하기 위해 한두 문장 정도 쓸 필요가 있다고 느낄 수 있고, 작품의 수준을 보여주기 위해 다양한 세부 내용을 인용할 수도 있다. 하지만 비평이나 해설의 목표는 요약에 논평을 약간씩 곁들이는 것이 아니라, 증거를 활용하여 작품을 정연하게 논하는 것이어야 한다. 마찬가지로 다양한 작품에 대해 논할 경우, 작품을 연대기 순으로 하나씩 다루지 말고 우선 일반적 결론부터 이야기하는 것을 원칙으로 삼아야 한다.

TIP 12

간접화법의 시제

영어에서 직접화법을 간접화법으로 전환할 때는 피전달문의 동사를 전달동사(say, tell, ask 등)에 맞추는 '시제일치'의 원칙을 지켜야 한다. 전달동사의 시제가 현재일 때는 문법적으로 영어의 12시제가 다 와도 문제가 없다. 하지만 전달동사의 시제가 과거일 때는 피전달문의 시제로 과거와 과거완료밖에 올 수 없다. 다음의 예를 보자.

(직접화법) He said to me, "I am very busy now."
그가 내게 말했다. "나 지금 아주 바빠."

(간접화법) He told me that he was really busy then.
그는 내게 자신이 그때 아주 바빴다고 말했다.

일반적으로 시제일치의 원칙은 아래와 같이 정리할 수 있다.

전달동사 시제	피전달문 동사시제 변환
현재	직접화법의 동사 그대로
과거	현재 → 과거
	현재완료, 과거 → 과거완료

단, 시제일치의 원칙에도 예외는 있다. 간접화법에서 진리나 역사적 사실 등 변하지 않는 사실을 얘기하는 경우는 앞 동사의 시제에 맞출 필요 없이 언제나 원래 쓰던 시제를 유지한다. 아래 예문을 참고하자. 1)~3)은 항상 현재형으로 4)는 항상 과거형으로 표현한다.

1) I knew that the sun rises in the east. (진리)

2) Tom said that he gets up at 6 every morning.⁽현재습관⁾
3) I wrote to my friend who lives in Brazil.
   (분명한 현재 사실)
4) He says that the Vietnam War ended in 1950.
   (역사적 사실)
5) He says that if he were rich he would do it for free.
   He said that if he were rich he would do it for free.
   (가정법 시제는 불변)

Rule 18

문장에서 강조하는 단어는 마지막에

필자가 가장 강조하고자 하는 단어나 어구는 보통 문장 마지막에 오게 한다.

비추천 문장	Humanity has hardly advanced in fortitude since that time, though it has advanced in many other ways. 인류는 그 이래로 용기에 있어서는 거의 발전이 없었다. 비록 다른 많은 면에서는 발전을 했지만.
추천 문장	Humanity, since that time, has advanced in many other ways, but it has hardly advanced in **fortitude**. 인류는 그 이래로 다른 여러 면에서 발전을 이루었지만 용기에 있어서는 거의 발전이 없었다.

> **비추천 문장**
> This steel is principally used for making razors, because of its hardness.
> 이 강철은 주로 면도날을 만드는 데 사용된다. 강하기 때문이다.
>
> **추천 문장**
> Because of its hardness, this steel is principally used in making **razors**.
> 강한 특성 때문에 이 강철은 주로 면도날을 만드는 데 사용된다.

추천 문장의 예에서처럼 문장의 마지막에 놓이는 단어나 어구는 일반적으로 논리 술어(logical predicate), 즉 문장의 '*new element*(새로운 요소)'인 경우가 많다.

도미문을 쓰면 주된 내용을 강조하는 효과가 있다.

> Four centuries ago, Christopher Columbus, one of the Italian mariners whom the decline of their own republics had put at the service of the world and of adventure, seeking for Spain a westward passage to the Indies as a set-off against the achievements of Portuguese discoverers, lighted on America.
> 4세기 전 자국의 쇠락으로 세계와 모험의 길로 들어서게 된 이탈리아 항해사 중 하나인 크리스토퍼 콜럼부스는 스페인을 위해 포르투갈 탐험가들의 성취에 비길 서인도 항로를 모색하다 미 대륙을 발견했다.

> With these hopes and in this belief I would urge you, laying aside all hindrance, thrusting away all private aims, to devote yourselves unswervingly and unflinchingly to the vigorous and successful prosecution of this war.
> 이러한 희망과 믿음으로 나는 제군에게 당부하는 바, 모든 방해물을 제쳐 두고 모든 사적인 목표를 내던져 두고, 힘차고 성공적으로 이 전쟁을 수행하는 데 흔들림 없고 단호하게 헌신하라.

강조 효과가 있는 또 다른 위치는 문장 맨 앞이다. 문장 맨 앞에 놓으면 주어 외에 모든 문장 요소를 강조할 수 있다.

> Deceit or treachery he could never forgive.
> 사기와 배반을 그는 절대로 잊지 못할 것이다.

> So vast and rude, fretted by the action of nearly three thousand years, the fragments of this architecture may often seem, at first sight, like works of nature.
> 너무나 광대하고 거친, 3천 년에 가까운 세월로 부식된 그 건축물의 파편들은 첫 눈에는 마치 자연히 생긴 듯 하다.

문장 맨 앞에 오는 주어가 강조되는 경우도 있지만, 그것은 맨 앞이라는 위치 때문이 아니다.

> Great kings worshipped at his shrine.
> 위대한 왕들이 그의 사원에서 참배했다.

이 예문에서 '*kings*(왕들)'이 강조되어 느껴지는 이유는 그 의미와 문맥 때문이다. 주어를 특별히 강조하려면 문장의 주어가 술어 부분에 오게 한다.

> Through the middle of the valley flowed a winding stream.
> 골짜기 가운데를 지나 흐르는 것은 굽이치는 시냇물이었다.

가장 강조해야 할 단어를 문장 맨 뒤에 두는 원칙은 문장의 단어, 문단의 문장, 전체 글의 문단에 동일하게 적용된다.

TIP 13

강조를 위해 어순을 바꾸는 도치구문

주로 부정어, 목적어, 보어, 부사를 강조하기 위하여 문장의 첫머리로 보낸 구조를 도치 구문이라 한다. 도치 구문을 쓸 때는 어순에 유의해야 한다.

1, 부정어를 강조할 때: 부정어+동사+주어의 순서로 쓴다.
(1) Never did I imagine meeting such wonderful people.
이렇게 멋진 사람들을 만나리라고는 전혀 상상하지 못했다.

(2) Not only was it informative but it was so fun.
유익했을 뿐 아니라 재미있기도 했다.

(3) Seldom has the boss been so upset.
상사가 그렇게 화가 난 경우는 별로 없었다.

2. 목적어를 강조할 때: 목적어+주어+동사의 순서로 쓴다. (단, 목적어가 부정어일 때는 동사+주어로 어순이 바뀐다)
(1) Excellent food they serve here.
이 곳의 음식은 훌륭하다.

(2) Not a word did he say all day long
그는 하루 종일 단 한마디도 하지 않았다.

3. 보어를 강조할 때: 보어+동사+주어의 순서로 쓰는 것이 원칙. (단, 주어가 대명사일 때는 어순을 바꾸지 않는다)
(1) Blessed are the poor in spirit.
심령이 가난한 자는 복이 있나니.

(2) Very grateful they were for my help.
그들은 내 도움에 매우 고마워했다.

3. 부사를 강조할 때: 부사+동사+주어의 순서로 쓴다. (단, 주어가 대명사일 때는 어순을 바꾸지 않는다)

(1) Only then did I understand the problem.
나는 그때에야 문제를 이해했다.

(2) Up jumped two large dogs.
큰 개 두 마리가 뛰어 올랐다.

(3) By his side she stood.
그의 곁에는 그녀가 서 있었다.

(4) Here she comes.
그녀가 이리로 온다.

4. 몇 가지 형식의 문제들

• **표제**(Heading): 원고의 제목이나 표제 뒤에는 한 줄을 띄우거나 그에 상응하는 여백을 남겨 둔다. 줄이 그어진 종이에 글을 쓴다면 그 다음 페이지는 첫 줄부터 시작한다.

• **수사**(Numeral): 날짜 및 일련의 숫자는 글로 쓰지 말고 아라비아 숫자나 로마자 중 적절한 방식으로 쓴다.

August 9, 1918
1918년 8월 9일

Chapter XII
제12장

Rule 3
규칙 3

352nd Infantry
352 보병연대

• **괄호**(Parenthesis): 괄호 속 내용을 포함하는 전체 문장은 마치 괄호가 없는 것처럼 자연스럽게 콤마나 마침표를 표시한다. 괄호 안의 표현은 단독으로 존재하는 것으로 보고 문장부호를 표시하되, 물음표나 느낌표가 아닌 경우 마침표는 생략한다.

I went to his house yesterday (my third attempt to see him), but he had left town.
나는 어제 그의 집에 갔지만 (그를 만나려는 세 번째 시도였다), 그는 마을을 떠난 후였다.

He declares (and why should we doubt his good faith?) that he is now certain of success.
그는 이제 성공을 확신한다고 주장한다. (왜 우리가 그의 믿음을 의심하겠는가?)

(내용상 완전히 분리된 표현이나 문장을 괄호로 묶을 때는 괄호를 닫기 전에 마침표를 표시한다.)

● **인용구**(Quotation): 글에서 근거 역할을 하는 공식적 인용구는 콜론으로 시작하고 앞뒤에 인용부호를 표시한다.

The provision of the Constitution is: "No tax or duty shall be laid on articles exported from any state."
헌법 조항은 아래와 같다. "모든 주에서 수출되는 품목에 세금이나 관세가 부과되지 않는다."

문법적으로 동격이나 동사의 직접목적어로 쓰인 인용구는 콤마 다음에 오며, 앞뒤로 인용부호를 쓴다.

I recall the maxim of La Rochefoucauld, "Gratitude is a lively sense of benefits to come."
나는 '감사는 앞으로 얻을 이득을 깊이 느끼는 것이다.'라는 라로슈프코의 경구를 떠올린다.

Aristotle says, "Art is an imitation of nature."
아리스토텔레스는 '예술은 자연의 모방이다.'라고 말한다.

시의 한 행이나, 그 이상을 인용할 때는 각각 줄을 바꾸어 시작해서 가운데 정렬을 해야 하며 인용부호는 생략한다.

Wordsworth's enthusiasm for the Revolution was at

first unbounded:
> Bliss was it in that dawn to be alive,
> But to be young was very heaven!

워즈워드는 처음에는 혁명에 대한 무한한 열정을 품고 있었다.
> 그 날 새벽에 살아 있다는 것만도 행복이었고,
> 젊었다는 것은 천국 그 자체였다!

인용문을 *that*으로 시작할 때는 간접화법으로 간주해 인용부호를 생략한다.

Keats declares that beauty is truth, truth beauty.
키이츠는 아름다움은 진실이고 진실은 아름다움이라고 단언한다.

속담표현과 잘 알려진 문학적 표현에는 인용부호가 필요 없다.

These are the times that try men's souls.
지금은 인간의 영혼을 시험하는 시대이다.

He lives far from the madding crowd.
그는 광란의 군중과 멀리 떨어져 지낸다.

구어체와 속어에도 인용부호를 쓰지 않는다.

• **참조**(Reference): 정확한 참조를 요구하는 학술적 글쓰기에서는 자주 등장하는 제목을 축약형으로 표시하고 정식 명칭을 맨 뒷장의 색인에 나타낸다. 일반적으로 참조는 괄호나 각주로 표시하며 문장 중간에는 표시하지 않는다. *act*(막), *scene*(장면), *line*(행), *book*(책), *volume*(권), *page*(쪽) 등의 단어는 구체적으로 그 부분을 참조해야 할 때를 제외하고는 생략한다. 구두점 활용법은 다음과 같다.

In the second scene of the third act
3막 2장에서

In III.ii (still better, simply insert III.ii in parenthesis at the proper place in the sentence)
3막 2장에서 (문장 내 적절한 위치에 III.ii 를 괄호 처리해서 삽입하면 더 좋다.)

After the killing of Polonius, Hamlet is placed under guard (IV. ii. 14).
폴로니우스를 죽인 후 햄릿은 감시 하에 놓였다. (4막 2장 14행)

2 Samuel i:17-27
사무엘 하 1장 17~27절

Othello II.iii 264-267, III.iii. 155-161
오델로 2막 3장 264-267행, 3막 3장 155-161 행

● 서명(Title): 학술적인 글에서 문학 작품의 제목, 즉 서명(書名)은 주로 이탤릭체로 쓰되, 이니셜을 대문자로 하는 것을 선호한다. 그러나 편집인과 발행인에 따라 그 표기 방식은 다양하다. 이니셜을 대문자로 하여 로만체로 쓰기도 하고 인용부호와 함께 표기하거나 인용부호를 사용하지 않기도 한다. 별개의 관행을 따르는 정기간행물에 기고하는 경우를 제외하고는 원고에서 밑줄로 강조 표시가 되어 있을 경우 이탤릭체로 옮기면 된다. '*A*' 나 '*The*' 로 시작되는 제목 앞에 소유격을 붙일 때는 제목의 '*A*' 나 '*The*' 를 생략한다.

The Iliad; the Odyssey; As You Like It; "To a Skylark"; "The Newcomes"; A Tale of Two Cities; Dickens's Tale of Two Cities.('*A*' 가 생략되었다)
『일리아드』, 『오디세이』, 『뜻대로 하세요』, 『종달새에게』, 『뉴컴가』, 『두 도시 이야기』, 디킨스의 『두 도시 이야기』

5. 자주 틀리는 단어와 표현들

(이 장에서 열거된 단어와 표현은 대부분 어법상의 오류라기보다는 스타일의 문제이자 흔히 보는 경솔한 글쓰기의 예이다. 아래 *'Feature'* 항목에서 설명했듯이, 이 문제를 해결하려면 하나의 단어나 어구를 다른 것으로 대체하는 것이 아니라 뜻이 모호한 전체 문장을 명확한 문장으로 새롭게 바꾸어야 한다.)

• **All right** (좋다, 괜찮다): 단독 어구로 격식을 차리지 않는 대화에서 'Agreed(동의한다)' 혹은 'Go ahead(계속하시오)'의 의미로 쓰이는 관용 표현. 다른 용법으로는 쓰지 않는 편이 좋다. 항상 두 단어로 띄어 쓴다.

• **As good or better than** (~만큼 좋거나 더 나은): 잘못된 표현이므로 문장을 재편해서 수정해야 한다.

> **X** My opinion is as good or better than his.
>
> **O** My opinion is as good as his, or better(if not better).
> 내 의견은 그의 의견만큼 좋거나 더 낫다. ('or better'를 'if not better'로 대체 가능)

• **As to whether** (~인지 아닌지에 대해서): 'as to' 없이 *'whether'*만 써도 충분하다. Rule 13 참조.

• **Case** (경우): 옥스포드 사전(*The Concise Oxford Dictionary*)

에서는 이 단어를 다음과 같이 정의한다. 'instance of a thing's occurring; usual state of affairs(어떤 일이 발생하는 사실, 사건의 일반적 상태).'이 두 가지 의미로 볼 때 이 단어는 대부분 불필요하다.

> In many cases, the rooms were poorly ventilated.
> 많은 경우 방에 환기가 잘 되지 않았다.
>
> Many of the rooms were poorly ventilated.
> 환기가 잘 되지 않은 방이 많았다.
>
> It has rarely been the case that any mistake has been made.
> 실수가 일어나는 경우는 거의 없었다.
>
> Few mistakes have been made.
> 실수는 거의 일어나지 않았다.

우드의『작가를 위한 조언(Suggestions to Authors)』68~71 페이지, 아더 퀼러 쿠치 경의『글쓰기의 기술(The Art of Writing)』103~106 페이지 참조.

● **Certainly** (분명히): 쓰는 문장마다 그 뜻을 강조한답시고 이 단어를 'very' 만큼이나 무차별적으로 사용하는 사람이 있는데, 이는 말하기에서도 나쁜 습관이고, 글쓰기에서는 더욱 나쁘다.

● **Character** (성질): 글을 장황하게 쓰는 습관에서 비롯된 단순 중복인 경우가 많다.

> | Acts of a hostile character | Hostile acts |
> |---|---|
> | 적대적인 성질의 행위 | 적대 행위 |

• **Claim** (주장하다): 목적어 명사와 함께 써서 *'lay claim to*(~라고 주장하다)*'* 의 뜻이 된다. 이 의미가 분명히 나타나 있다면 종속절을 목적어로 취할 수 있다. 예를 들어 'He claimed that he was the sole surviving heir(그는 자신이 유일하게 생존한 후계자라고 주장했다).'라고 쓸 수 있다(하지만 여기서도 'claimed to be'로 쓰는 편이 더 좋다). *'declare*(선언하다)*'*, *'maintain*(단언하다)*'*, *'charge*(비난하다)*'* 대신 쓰지 말 것.

• **Compare** (비교하다, 비유하다): *'compare to*(비유하다)*'*는 서로 본질적으로 다른 층위에 있다고 여겨지는 사물 간의 유사성을 지적하거나 시사한다는 의미이다. *'compare with*(~와 비교하다)*'*는 주로 본질적으로 동일한 층위로 생각되는 사물 간의 차이를 지적할 때 쓴다.

Thus life has been compared to a pilgrimage, to a drama, to a battle.
그러므로 인생은 순례, 연극, 전투에 비유되어왔다.

Congress may be compared with the British Parliament.
미국 의회는 영국 의회와 비교될 수 있다.

Paris has been compared to ancient Athens; it may be compared with modern London.
파리는 고대 아테네에 비유되어 왔고, 현대 런던과 비교될 수 있다.

• **Clever** (영리한): 지나치게 남용되는 단어. 작은 일에서 나타나는 독창성을 표현할 때로 한정해서 쓰는 것이 좋다.

• **Consider** (고려하다): '*believe to be*(~라고 믿다)'의 의미

로 쓰일 때는 'as'가 붙지 않는다. 'I consider him thoroughly competent(나는 그가 아주 능력 있다고 생각한다).'라는 문장을 'The lecturer considered Cromwell first as soldier and second as administrator(그 강사는 크롬웰을 첫째로는 군인으로, 그 다음으로는 행정가로 생각했다).'와 비교해 보라. 두 번째 문장에서는 'considered'가 'examine(고찰하다)' 또는 'discuss(논하다)'의 의미로 쓰였다.

• **Dependable** (믿을 수 있는): 이 단어 대신 같은 뜻의 *'reliable', 'trustworthy'*를 사용한다.

• **Due to** (~때문에): 'He lost the first game, due to carelessness(그는 경솔함 때문에 첫 경기에 패했다).'에서 보듯, 같은 뜻의 *'through', 'because of', 'owing to'*를 대신하는 부사구로 잘못 쓰인다. 술어나 특정 명사의 수식어구로 쓰는 것이 정확한 용법이다. 'This invention is due to Edison(이 발명은 에디슨이 한 것이다).', 'losses due to preventable fires (예방 가능한 화재로 인한 손실)'이 좋은 예이다.

• **Effect** (효과): 명사로 쓰면 *'result(결과)'*를 의미한다. 동사로 쓰면 *'bring about*(야기하다)', *'accomplish*(달성하다)'의 뜻이다. (*'affect* (영향을 주다)'와 혼동하지 말아야 한다.) 명사로 쓰일 때 패션, 음악, 미술 및 기타 예술에 대한 피상적인 글에서 부정확하게 쓰이는 경우가 많고, 그 예는 다음과 같다.

an Oriental effect(동양적 효과), effects in pale green(연녹색 효과), very delicate effects(아주 미세한 효과), broad effects(광범위한 효과), subtle effects(미묘한 효과), a charming effect was produced by(~가 만들어 낸 매혹적 효과)

표현하고 싶은 분명한 의미가 있다면 이러한 모호한 표현을 쓰지 않아야 한다.

- **Etc.** (~등): 사람에 대해서는 사용하지 않는다. *'and the rest'*, *'and so forth'* 도 동일한 의미로, 이들 표현은 독자에게 어떤 중요한 항목들이 빠졌다는 의구심을 남겨둔채 사용돼서는 안 된다. 또한 이미 모든 항목을 열거한 뒤 마지막 단어 뒤에 붙거나 인용문 뒤에 의미 없이 붙어서도 안 된다.

'such as', *'for example'* 이나 이와 유사한 표현으로 시작되는 열거 뒤에 붙는 것은 잘못된 용례이다.

- **Fact** (사실): 판단이 아닌 직접 증명이 가능한 문제에만 쓴다. 특정한 날에 특정한 행사가 열렸다든지 특정 온도에서 납이 녹는다든지 하는 것은 *'fact'*이다. 하지만 나폴레옹이 현대사에서 가장 훌륭한 장군이라든지 캘리포니아의 기후가 쾌적하다는 문장은 설사 반론의 여지가 없다 하더라도 *'fact'*로 적절치 않다.

'The fact that (~라는 사실)*'* 에 대해서는 Rule 13 참조.

- **Factor** (요소): 진부한 단어다. 이 단어가 들어가는 표현은 대부분 더 직접적인 표현이나 관용 표현으로 대체할 수 있다.

> His superior training was the great factor in his winning the match.
> 더 나은 훈련이 그가 경기에서 승리한 주된 요인이었다.
>
> He won the match by being better trained.
> 그는 훈련의 질을 높임으로써 경기에서 승리를 거두었다.

> Heavy artillery is becoming an increasingly important factor in deciding battles.
> 중포(重砲)는 전투의 승패를 가르는 데 점점 중요한 요소가 되고 있다.

> Heavy artillery is playing a larger and larger part in deciding battles.
> 중포(重砲)는 전투의 승패를 가르는 데 점점 큰 역할을 하고 있다.

● **Feature** (특징): 또 하나의 진부한 단어. *'factor'* 와 마찬가지로 문장에 아무런 의미도 더해주지 못한다.

> A feature of the entertainment especially worthy of mention was the singing of Miss A.
> 그 공연에서 특히 언급할 만한 특징은 A 양이 노래를 했다는 점이다.

> (Better use the same number of words to tell what Miss A. sang, or if the programme has already been given, to tell something of how she sang.)
> (A양이 무슨 노래를 했는지를 이야기하거나, 프로그램이 이미 글에 나타나 있다면 A 양이 노래를 어떻게 했는지에 대해서 이야기하면 같은 수의 단어로 더 좋은 문장을 만들 수 있다.)

*'feature'*를 동사로 쓸 때는, 광고문 같은 글에서 *'offer as a special attraction*(~ 라는 특색이 있다)*'* 의 뜻으로 쓰지 않도록 주의한다.

● **Fix** (수리하다): 미국 영어에서 구어체로 *'arrange*(정하다)*'*, *'prepare*(준비하다)*'*, *'mend*(수리하다)*'*의 의미로 쓰인다. 그러나 글에서는 '고정시키다(*fasten, make firm* or *immovable*)' 의 의미로만 쓴다.

- **He is a man who** (그는 ~한 사람이다): 흔히 나타나는 중복 표현이다. Rule *13* 참조.

> He is a man who is very ambitious.
> 그는 아주 야심만만한 사람이다.
>
> He is very ambitious.
> 그는 아주 야심만만하다.
>
> Spain is a country which I have always wanted to visit.
> 스페인은 내가 항상 가 보고 싶었던 나라다.
>
> I have always wanted to visit Spain.
> 나는 항상 스페인에 가 보고 싶었다.

- **However** (하지만): '*nevertheless*(~에도 불구하고)'의 의미로 쓸 때는 문장이나 절의 맨 앞에 오지 않는다.

> X | The roads were almost impassable. However, we at last succeeded in reaching camp.
>
> O | The roads were almost impassable. At last, however, we succeeded in reaching camp.
> 도로는 거의 건널 수 없는 지경이었다. 하지만 결국 우리는 캠프에 이를 수 있었다.

'*however*'가 문장이나 절 앞에 올 때는 '*in whatever way*(어떻게 ~하든)' 또는 '*to whatever extent*(아무리 ~하더라도)'라는 의미로 쓰인다.

However you advise him, he will probably do as he thinks best.
네가 어떻게 조언을 해 주든 그는 자신이 최선이라고 생각하는 행동을 할 것이다.

However discouraging the prospect, he never lost heart.
전망이 아무리 암울하더라도 그는 절대 용기를 잃지 않았다.

● **Kind of** (일종의): 형용사, 동사 앞에서 '*rather*(꽤)' 대신 사용하지 않는다. 격식을 차리지 않고 편하게 쓰는 글을 제외하고는 명사 앞에서 '*something like* (~같은 것)' 대신 쓰지 않는다. 일차적 의미 '일종의'로 한정하여 쓴다. 'Amber is a kind of fossil resin(호박은 일종의 화석 수지이다).', 'I dislike that kind of notoriety(나는 그런 악명을 싫어한다).'가 좋은 예이다. '*sort of*'에 대해서도 같은 원칙이 적용된다.

● **Less** ((양, 정도가) ~보다 적은): 수의 적음을 의미하는 '*fewer*' 대신 잘못 쓰여서는 안 된다.

X	He had less men than in the previous campaign.
O	He had fewer men than in the previous campaign. 지난 선거 때보다 그의 선거운동원 수가 줄었다.

'*less*'는 양, '*fewer*'는 수를 말할 때 쓴다. 'His troubles are less than mine(그의 문제는 내 문제보다 덜하다).'는 'His troubles are not so great as mine(그의 문제는 내 문제만큼 크지 않다).'의 뜻이다. 'His troubles are fewer than mine(그의 문

제는 내 문제보다 적다).'는 'His troubles are not so numerous as mine(그의 문제는 내 문제만큼 많지 않다).'의 의미이다. 하지만 다음은 정확한 용례이다. 'The signers of the petition were less than a hundred(탄원서에 서명한 사람은 100명 미만이었다).', 여기서는 어림셈한 숫자 100이 하나의 집단 명사처럼 쓰이고, 'less'는 더 적은 정도나 양을 의미한다.

• **Line** (계열), **along these lines** (이와 같은 의미로): '*line*'을 '*course of procedure, conduct, thought*(절차, 행동, 생각의 연속)' 이라는 의미로 사용하는 것은 괜찮지만 상당히 식상한 표현이다. 특히 '*along these lines*' 라는 표현으로 너무 자주 쓰이고 있어서 신선함이나 독창성을 원하는 필자는 이 단어를 아예 쓰지 않는 편이 낫다.

> Mr. B. also spoke along the same lines.
> B씨 역시 이와 같은 의미로 말했다.
>
> Mr. B. also spoke, to the same effect.
> B씨의 말 역시 같은 말이었다.
>
> He is studying along the line of French literature.
> 그는 불문학 계열을 공부하고 있다.
>
> He is studying French literature.
> 그는 불문학을 공부하고 있다.

• **Literal** (문자 그대로의), **literally** (문자 그대로): 과장이나 극단적인 은유를 뒷받침하기 위해 부정확하게 쓰이는 경우가 많다.

A literal flood of abuse	
문자 그대로 욕설의 홍수	
A flood of abuse	
욕설의 홍수	
Literally dead with fatigue	
문자 그대로 피로해서 기진맥진한	
Almost dead with fatigue (dead tired)	
피로해서 기진맥진한 (피로로 녹초가 된)	

- **Lose out** (지다, 실패하다): 'lose'를 강조하는 의미지만 너무 흔히 쓰인 탓에 실제로는 강조의 역할을 하지 못한다. 'Try out(시험해 보다)', 'win out(완수하다, 성공하다)', 'sign up(등록하다)', 'register up(등록하다)'도 마찬가지다. 'find out(알아내다)', 'run out (바닥나다)', 'turn out(~임이 드러나다)', 'cheer up(기운이 나다)', 'dry up (고갈되다)', 'make up(만회하다)' 등 'out'이나 'up'이 붙어 관용구를 형성하는 동사는 모두 동사 단독으로 쓰일 때와 의미상 구분되지만 'lose out'은 그렇지 않다.

- **Most** (대부분): 'almost' 대신으로 쓰지 않는다.

x	Most everybody
o	Almost everybody 거의 모든 사람
x	Most all the time
o	Almost all the time 거의 항상

• **Nature** (본질): '*character*(특징)'와 마찬가지로 단순 중복으로 쓰이는 경우가 많다.

Acts of a hostile nature	Hostile acts
적대적 성질의 행위	적대행위

'A lover of nature(본질/자연을 사랑하는 사람)'나 'poems about nature(본질/자연에 관한 시)' 등의 표현에서 모호한 의미로 사용되는 경우도 종종 있다. 더 구체적인 문장이 따라오지 않는 한, 그 시가 자연 경관에 대한 것인지 아니면 농촌의 삶이나 일꾼, 사람의 발길이 닿지 않은 황무지, 다람쥐의 습성에 관한 것인지 알 수 없다.

• **Near by** (가까이에): 유사한 형태의 부사구 '*close by*(바로 곁에)'와 '*hard by*(바로 가까이에)'가 존재한다는 사실이 이 표현의 존재를 정당화 해주는 듯 하나 좋은 영어라고 볼 수는 없다. 대신 '*near*'나 '*near at hand*'를 쓰는 것이 좋다. 형용사로는 쓰지 말고, 대신 '*neighboring*'을 쓴다.

• **Oftentimes, ofttimes** (종종): 구식 단어로 더 이상 쓰지 않는 것이 좋다. 현대 영어에서는 '*often*'을 쓴다.

• **One of the most** (가장 ~한 것 중 하나): 에세이나 문단을 이 표현으로 시작하지 말 것. 예를 들어 'One of the most interesting developments of modern science is~(현대 과학의 가장 흥미로운 발전상 중 하나는~)', 'Switzerland is one of the most interesting countries of Europe(스위스는 유럽에서 가장 흥미로운 나라 중 하나다).'은 문법적으로는 전혀 틀리지 않지만 빈

약하고 힘이 없는 문장이다.

• **People** (사람들): '*the people*(국민)'은 '*the public*(대중)' 과 혼동해서는 안 되는 정치 용어이다. 'people'은 정치적 지지나 반대를 하는 주체이고, 'public'은 예술의 감상이나 상업적 후원을 하는 주체이다.

'*People*' 은 숫자와 함께 하여 '*persons*' 대신 쓰지 않는 것이 최선이다. 예를 들어 다음과 같은 문장은 성립되지 않는다.
If of six people five went away, how many people would be left?

• **Phase** (단계): 변화나 발전의 한 단계를 말한다. 'the phases of the moon(달의 여러 가지 상(相))', 'the last phase(최종 국면)' 등으로 쓰며, '*aspect*(측면)'나 '*topic*(주제)'을 말할 때는 사용하지 않는다.

X	Another phase of the subject
O	Another point (another question) 또 다른 점 (또 다른 문제)

• **Possess** (소유하다): '가지다'를 의미하는 '*have*'나 '*own*' 대신 쓰지 않는다.

X	He possessed great courage. 그는 대단한 용기를 소유했다.
O	He had great courage (was very brave). 그는 대단한 용기를 가졌다. (아주 용감했다)

> **X** He was the fortunate possessor of~
> 그는 운 좋게도 ~의 소유자였다.
>
> **O** He owned~
> 그는 ~를 가졌다.

● **Respective** (각각의), **respectively** (각각): 아예 생략하는 편이 나은 단어

> Works of fiction are listed under the names of their respective authors.
> 소설 작품이 각각의 저자 이름 아래에 나열되어 있다.
>
> Works of fiction are listed under the names of their authors.
> 소설 작품이 저자 이름 아래에 나열되어 있다.
>
> The one mile and two mile runs were won by Jones and Cummings respectively.
> 1마일, 2마일 경주에서 존스와 커밍스가 각각 승리했다.
>
> The one mile and two mile runs were won by Jones and by Cummings.
> 1마일, 2마일 경주에서 존스와 커밍스가 승리했다.

기하학 증명 등 일부 수학적 증명을 표현할 때 '*respectively*'가 필요할 경우도 있지만 일반적 주제의 글에서는 사용하지 않아야 한다.

● **So** (아주): 글쓰기에서는 'so good(아주 좋은)', 'so warm(아주 따뜻한)', 'so delightful(아주 즐거운)'등 강조 어구로 사용하지 않는 것이 좋다.

절을 이끄는 'so'의 사용에 대해서는 Rule 4 참조.

- **Sort of** (일종의): 'Kind of' 항목 참조

- **State** (진술하다): 단순히 '*say, remark* (말하다)'의 대용으로 쓰지 않는다. '*express fully or clearly*(완전히(혹은 명확히) 표현하다)'의 의미로 한정해서 사용한다. 'He refused to state his objections(그는 자신의 반대 의견을 진술하기를 거부했다).'가 좋은 예이다.

- **Student body** (학생 전체): 어색하고 필요 없는 표현. '*Students* (학생들)'에 전혀 의미를 더해주지 못한다.

A member of the student body 학생 전체 중 한 명	A student 학생 한 명
Popular with the student body 학생 전체에 인기가 좋은	Liked by the students 학생들이 좋아하는
The student body passed resolutions. 학생 전체가 결의안을 채택했다.	The students passed resolutions. 학생들이 결의안을 채택했다.

- **System**(제도): 필요 없는 경우가 많다.

> Dayton has adopted the commission system of government.
> 데이튼 시는 정부에 위원회 제도를 채택했다.

> Dayton has adopted government by commission.
> 데이튼 시는 위원회형 정부를 채택했다.

> **The dormitory system**
> 기숙사 제도
>
> Dormitories
> 기숙사

- **Thanking you in advance** (미리 감사 드립니다): 마치 '시간이 아까우니 당신에게 또 편지를 쓰지는 않겠어요.'라고 말하는 것처럼 느껴진다. 그냥 'Thanking you(감사합니다).'라고 쓰고, 상대방이 부탁을 들어주는 등 감사할 일이 생겼으면 감사 편지를 쓰라.

- **They** (그들): '*each*', '*each one*', '*everybody*', '*every one*', '*many a man*' 등 1명 이상을 의미하지만 단수 대명사로 받아야 하는 선행사를 '*they*'로 잘못 받는 경우가 많다. 그보다 더한 실수는, 문장에서 다루기 까다로운 'he or she' 같은 표현이나 재귀대명사의 사용을 피하기 위해 쓴 '*anybody*', '*any one*', '*somebody*', '*some one*'을 '*they*'로 받는 경우이다. 심지어 'A friend of mine told me that they ~' 라고 쓰는 사람도 있을 정도다.

선행사가 여성이거나 여성이 되어야 할 경우가 아니라면 앞서 언급한 단어 모두 '*he*'로 받으면 된다.

- **Very** (매우): 가끔만 쓸 것. 강조가 필요할 때는 '*very*'를 붙

이는 대신 그 자체로 강한 의미의 단어를 쓰라.

• **While** (~하는 반면에): 'and', 'but', 'although' 대신 무차별적으로 쓰지 말라. 'and'나 'but'의 대용으로 이 단어를 쓰는 경우가 많은데, 이는 단순히 접속사를 한 개 더 쓰고 싶다는 욕망 때문이거나 필자가 'and'와 'but' 중 어떤 연결 방식이 더 적절한지 확실히 알지 못하고 있기 때문이다. 이런 경우에는 세미콜론(;)으로 대신하는 것이 최선이다. 다음처럼 문장을 변형하는 것은 전적으로 옳다.

> The office and salesrooms are on the ground floor, while the rest of the building is devoted to manufacturing.
> 사무실과 매장은 1층에 있는 반면, 나머지 층은 생산시설이다.
>
> The office and salesrooms are on the ground floor; the rest of the building is devoted to manufacturing.
> 사무실과 매장은 1층에 있고, 나머지 층은 생산시설이다.

'while'은 표면상 'although(~이기는 하지만)'의 의미로 쓰이는 데 아무런 문제가 없다. 그러나 문장의 뜻이 모호해지거나 모순되지 않는다는 조건 하에서이다. 먼저 다음의 문장은 아무런 문제가 없다.

> While I admire his energy, I wish it were employed in a better cause.
> 나는 그의 힘이 대단하다고 생각하지만 그 힘이 더 좋은 목적에 쓰이기를 바란다.

이 문장은 다음과 같이 변형할 수도 있다.

> I admire his energy; at the same time I wish it were employed in a better cause.
> 나는 그의 힘이 대단하다고 생각하고, 동시에 그 힘이 더 좋은 목적에 쓰이기를 바란다.

하지만 문장의 뜻이 모호해지는 다음과 비교해 보자.

> **X** While the temperature reaches 90 or 95 degrees in the daytime, the nights are often chilly.
> 낮에는 기온이 90~95도에 이르는 반면, 밤에는 추울 때가 많다.
>
> **O** Although the temperature reaches 90 or 95 degrees in the daytime, the nights are often chilly.
> 낮에는 기온이 90~95도까지 이르지만 밤에는 추울 때가 많다.

아래의 변형된 문장을 보면 위 문장에서 왜 '*while*'이 잘못 사용되었는지 알 수 있다(역주: '*while*'과 '*in the daytime*'이 겹쳐 모호한 문장이 된다).

> The temperature reaches 90 or 95 degrees in the daytime; at the same time the nights are often chilly.
> 낮에는 기온이 90~95도에 이르고, 동시에(반면에) 밤에는 추울 때가 많다.

따라서, 일반적으로 '*while*'은 '*during the time that*(~하는 동안)'이라는 원래 의미로만 한정해서 쓰는 편이 좋다.

● **Whom** (who의 **목적격**): 'he said' 같은 삽입 표현들을 선행사와 잘못 연관지어서, 주격 관계대명사 'who'를 써야 할 때 목적격 관계대명사 'whom'을 잘못 사용하는 경우가 많다.

X	His brother, whom he said would send him the money ('그의 동생'이 돈을 보내는 주체이다.)
O	His brother, who he said would send him the money 그에게 돈을 보낼 거라는 그의 동생
X	The man whom he thought was his friend ('he thought'는 'he said'와 마찬가지로 삽입된 표현이므로 'The man' 뒤에는 주격 관계대명사 'who'를 써야한다.)
O	The man who (that) he thought was his friend (whom he thought his friend) 그가 친구로 생각했던 그 사람 (문장 구조를 바꿔서 'he thought'가 삽입된 표현이 아니라 'The man'을 직접 선행사로 받는 표현이 되면 목적격 관계대명사 'whom'을 써야한다.)

6. 흔히 철자를 틀리는 단어들

accidentally	우연히	humorous	익살스러운
advice	조언	hypocrisy	위선
affect	영향을 미치다	immediately	즉시
beginning	시작	incidentally	우연히
believe	믿다	latter	후자의
benefit	혜택	led	(lead의 과거)
challenge	도전	lose	잃다
criticize	비판하다	marriage	결혼하다
deceive	속이다	mischief	장난
definite	명확한	murmur	중얼거림
describe	묘사하다	necessary	필요한
despise	경멸하다	occurred	(occur의 과거)
develop	발전하다	parallel	평행의
disappoint	실망시키다	Philip	필립(인명)
duel	결투	playwright	극작가
ecstasy	환희	preceding	선행하는
effect	효과	prejudice	편견
existence	존재	principal	주요한
fiery	불 같은	privilege	특권
formerly	이전에	pursue	추구하다

repetition	암송	similar	비슷한
rhyme	각운	simile	직유
rhythm	리듬	too	역시
ridiculous	우스꽝스러운	tragedy	비극
sacrilegious	불경스러운	tries	(try의 3인칭 단수)
seize	잡다	undoubtedly	확실히
separate	별개의	until	~할 때까지
shepherd	양치기	... ,etc.	
siege	포위공격		

역자후기

'영작문 교재의 바이블'이라 불리는 『The Elements of Style』은 알 만한 사람은 다 아는 책이다. 미국 MIT 대학교 구내서점에서 수십 년 동안 가장 많이 팔린 책이라든가 『다빈치코드』의 저자 댄 브라운의 애장 도서 10권 중 한 권이라든가 하는 에피소드를 굳이 들춰내지 않더라도, 인터넷 검색창에 이 책의 제목만 입력해보면 여기저기서 아낌없는 추천을 '날리고' 있다는 것을 쉽게 확인할 수 있을 것이다.

이와 같은 시공을 초월한 명저의 오리지널 버전을 한국 독자에게 소개할 수 있는 기회는 우리 두 번역자에게 큰 영광이면서 동시에 부담으로 다가왔다. 워낙 잘 알려진 책이라 쏠리게 될 눈길도 만만치 않으리라 짐작했고 그로 인한 '후폭풍'에 대한 두려움으로 한동안(5분 정도) 고민에 잠기기도 했다. 결국, '가문의 영광'에 대한 유혹에 압도되어 일을 시작하게 되었고, 좋은 책을 옮길 때 느끼게 되는 뿌듯함과 즐거움에 시종일관 휩싸여서 작업을 끝냈다.

저자가 남긴 말 중에 가슴을 울리는 부분이 한두 군데가 아니지만 굳이 하나만 선택하자면 Rule 13 의 'Vigorous writing is concise.'라는 구절이다. 번역자는(저자의 충고에 따라) '간결한' 번역을 위해서 '글의 생명은 간결성이다'라고 옮겼다. 'writing'이란 명사와 어울릴 수 있는(collocation, 연어) 형용사가 많이 있겠지만 vigorous, concise 만큼 바람직한 결합을 이루는 형용사는 찾기 어려울 것 같다. 힘 있고, 살아있으며, 강력하고(vigorous),

간결한(concise) 소통이 우리가 말을 하고 글을 쓰면서 추구하는 궁극적 목표가 아닐까 생각한다. 같은 맥락에서 저자는 'This requires not that ... , but that every word tell.'이라고 외친다. '글에 사용된 모든 단어에 존재 이유를 부여하라'는 기준은 완성된 글을 놓고 평가할 때 들이댈 수 있는 가장 강력한 잣대라고 보아도 무방할 것이다. 내가 쓴 글을 놓고 단어 하나 하나가 그 자리를 차지할 이유가 있는지를 검증해 보는 습관을 익히다 보면 힘 있고 간결한 글짓기로 가는 지름길을 만나지 않을까 생각한다.

이 책은 원본과 번역본을 나란히 실었기 때문에 번역문만 읽었을 때 항상 남게 되는 가슴 한 켠의 아쉬움을 달래줄 수 있으리라 기대한다. 책의 효용성을 더 높여 보고자 번역자들의 경험을 살려 추가한 Tip 부분들도 그 의도한 효과를 실제로 발휘하기를 희망한다. 예문 중 비추천 문장들은 저자의 의도를 살리기 위해서 가급적 직역을 시도했으며 그 외 규칙들을 소개하는 부분은 자연스런 우리말로 옮기려고 노력했다. 잘 쓰여진 문장을 감상할 수 있는 능력을 넘어서서 직접 생성할 수 있는 능력을 갖추고자 하는 힘들고 긴 여정에 나선 분들이 이 책을 통해 추진력을 얻을 수 있기를 바란다. 또한 이 한글 해설판에서 잘못된 부분을 발견하거나 번역문에 대한 다른 견해를 가진 독자분들은 언제든지 역자들의 이메일로 소중한 의견을 보내주시길 바란다.

제자들의 부족한 글을 감수하느라 귀한 시간을 할애해 주신 한국외국어대학교 통번역대학원 곽중철 원장님께 진심 어린 감사의 말씀을 전하고 싶다. 교수님께서 함께 해 주신 것이 두 번역자에게 큰 힘이 되었으며, '삶에서 잊지 못할 기억' 리스트의 한 항목을 화려하게 장식했음을 말씀 드리고 싶다. 아울러 훌륭한 교재를 번역할 수 있는 기회를 마련해 주고 전문가에 결코 뒤지지 않는 예리한 통찰로 번역문을 깔끔하게 정돈해 준 인간희극 이송준 대표께 감사의 말씀을 전한다.

2007년 10월 15일

김지양(jiyangister@gmail.com)
조서연(joseoyeon@gmail.com)

책 반대편부터 펼치면 영어 원문을 읽을 수 있습니다.

Turn the book over to read the korean version.

with hyphen.

Write *any one, every one, some one, some time*(except the sense of *formerly*) as two words. (현대 영어에서는 쓰이지 않음)

—*The End*—

The Elements of Style

written by William Strunk, Jr.

Copyright©1918 by William Strunk, Jr.
La Comédie Humaine is publishing this original edition of *The Elements of Style*, due to its public domain status.

CONTENTS ▶▶▶

I. INTRODUCTORY ·· 4

II. ELEMENTARY RULES OF USAGE ··························· 6

1. Form the possessive singular of nouns with's ·············· 6

2. In a series of three or more terms with a single conjunction, use a comma after each term except the last ··· 7

3. Enclose parenthetic expressions between commas ······· 8

4. Place a comma before and or but introducing an independent clause ··· 11

5. Do not join independent clauses by a comma ············· 13

6. Do not break sentences in two ································· 15

7. A participial phrase at the beginning of a sentence must refer to the grammatical subject ······················ 16

8. Divide words at line-ends, in accordance with their formation and pronunciation ································· 18

III. ELEMENTARY PRINCIPLES OF COMPOSITION ···· 20

9. Make the paragraph the unit of composition: one paragraph to each topic ···· 20

10. As a rule, begin each paragraph with a topic sentence; end it in conformity with the beginning ···· 23

11. Use the active voice ···· 29

12. Put statements in positive form ···· 33

13. Omit needless words ···· 35

14. Avoid a succession of loose sentences ···· 38

15. Express co-ordinate ideas in similar form ···· 40

16. Keep related words together ···· 43

17. In summaries, keep to one tense ···· 47

18. Place the emphatic words of a sentence at the end ·· 49

IV. A FEW MATTERS OF FORM ···· 53

V. WORDS AND EXPRESSIONS COMMONLY MISUSED ···· 57

VI. WORDS COMMONLY MISSPELLED ···· 76

I.
INTRODUCTORY

This book is intended for use in English courses in which the practice of composition is combined with the study of literature. It aims to give in brief space the principal requirements of plain English style. It aims to lighten the task of instructor and student by concentrating attention (in Chapters II and III) on a few essentials, the rules of usage and principles of composition most commonly violated. The numbers of the sections may be used as references in correcting manuscript.

The book covers only a small portion of the field of English style, but the experience of its writer has been that once past the essentials, students profit most by individual instruction based on the problems of their own work, and that each instructor has his own body of theory, which he prefers to that offered by any textbook.

The writer's colleagues in the Department of English in Cornell University have greatly helped him in the preparation of his manuscript. Mr. George McLane Wood has kindly consented to the inclusion under Rule 11 of some material from his *Suggestions to Authors*.

The following books are recommended for reference or further study: in connection with Chapters II and IV, F. Howard Collins, *Author and Printer* (Henry Frowde); Chicago University Press, *Manual of Style*; T. L. De Vinne, *Correct Composition* (The Century Company); Horace Hart, *Rules for Compositors and Printers* (Oxford University Press); George McLane Wood, *Extracts from the Style-Book of the Government Printing Office* (United States Geological Survey); in connection with Chapters III and V, Sir Arthur Quiller-Couch, *The Art of Writing* (Putnams), especially the chapter, Interlude on Jargon; George McLane Wood, *Suggestions to Authors* (United States Geological Survey); John Leslie Hall, *English Usage* (Scott, Foresman and Co.); James P. Kelly, *Workmanship in Words* (Little, Brown and Co.).

It is an old observation that the best writers sometimes disregard the rules of rhetoric. When they do so, however, the reader will usually find in the sentence some compensating merit, attained at the cost of the violation. Unless he is certain of doing as well, he will probably do best to follow the rules. After he has learned, by their guidance, to write plain English adequate for everyday uses, let him look, for the secrets of style, to the study of the masters of literature.

5

II.
ELEMENTARY RULES OF USAGE

Rule 1

Form the possessive singular of nouns with 's.

Follow this rule whatever the final consonant. Thus write,

> Charles's friend
> Burns's poems
> the witch's malice

This is the usage of the United States Government Printing Office and of the Oxford University Press.

Exceptions are the possessives of ancient proper names in *-es* and *-is*, the possessive *Jesus'*, and such forms as *for conscience' sake*, *for righteousness' sake*. But such forms as *Achilles' heel, Moses' laws, Isis' temple* are commonly replaced by

> the heel of Achilles
> the laws of Moses
> the temple of Isis

6 The Elements of Style

The pronominal possessives *hers, its, theirs, yours,* and *oneself* have no apostrophe. (oneself 대신에 one's self로 쓰기도 한다.)

Rule 2

In a series of three or more terms with a single conjunction, use a comma after each term except the last.

Thus write,

red, white, and blue
honest, energetic, but headstrong
He opened the letter, read it, and made a note of
its contents.

This is also the usage of the Government Printing Office and of the Oxford University Press.

In the names of business firms the last comma is omitted, as

Brown, Shipley and Company

The abbreviation *etc.*, even if only a single term comes before it, is always preceded by a comma.

7

Rule 3

Enclose parenthetic expressions between commas.

> The best way to see a country, unless you are pressed for time, is to travel on foot.

This rule is difficult to apply; it is frequently hard to decide whether a single word, such as *however*, or a brief phrase, is or is not parenthetic. If the interruption to the flow of the sentence is but slight, the writer may safely omit the commas. But whether the interruption be slight or considerable, he must never omit one comma and leave the other. Such punctuation as

> Marjorie's husband, Colonel Nelson paid us a visit yesterday.

or

> My brother you will be pleased to hear, is now in perfect health.

is indefensible.

Non-restrictive relative clauses are, in accordance with this rule, set off by commas.

The audience, which had at first been indifferent, became more and more interested.

Similar clauses introduced by *where* and *when* are similarly punctuated.

In 1769, when Napoleon was born, Corsica had but recently been acquired by France.

Nether Stowey, where Coleridge wrote *The Rime of the Ancient Mariner*, is a few miles from Bridgewater.

In these sentences the clauses introduced by *which, when,* and *where* are non-restrictive; they do not limit the application of the words on which they depend, but add, parenthetically, statements supplementing those in the principal clauses. Each sentence is a combination of two statements which might have been made independently.

The audience was at first indifferent. Later it became more and more interested.

Napoleon was born in 1769. At that time Corsica had but recently been acquired by France.

Coleridge wrote *The Rime of the Ancient Mariner* at Nether Stowey. Nether Stowey is only a few miles from Bridgewater.

Restrictive relative clauses are not set off by commas.

> The candidate who best meets these requirements will obtain the place.

In this sentence the relative clause restricts the application of the word *candidate* to a single person. Unlike those above, the sentence cannot be split into two independent statements.

The abbreviations *etc.* and *jr.* are always preceded by a comma, and except at the end of a sentence, followed by one.

Similar in principle to the enclosing of parenthetic expressions between commas is the setting off by commas of phrases or dependent clauses preceding or following the main clause of a sentence. The sentences quoted in this section and under Rules *4, 5, 6, 7, 16,* and *18* should afford sufficient guidance.

If a parenthetic expression is preceded by a conjunction, place the first comma before the conjunction, not after it.

> He saw us coming, and unaware that we had learned of his treachery, greeted us with a smile.

Rule 4

Place a comma before *and* or *but* introducing an independent clause.

The early records of the city have disappeared, and the story of its first years can no longer be reconstructed.

The situation is perilous, but there is still one chance of escape.

Sentences of this type, isolated from their context, may seem to be in need of rewriting. As they make complete sense when the comma is reached, the second clause has the appearance of an after-thought. Further, *and*, is the least specific of connectives. Used between independent clauses, it indicates only that a relation exists between them without defining that relation. In the example above, the relation is that of cause and result. The two sentences might be rewritten:

As the early records of the city have disappeared, the story of its first years can no longer be reconstructed.

Although the situation is perilous, there is still one chance of escape.

Or the subordinate clauses might be replaced by phrases:

> Owing to the disappearance of the early records of the city, the story of its first years can no longer be reconstructed.

> In this perilous situation, there is still one chance of escape.

But a writer may err by making his sentences too uniformly compact and periodic, and an occasional loose sentence prevents the style from becoming too formal and gives the reader a certain relief. Consequently, loose sentences of the type first quoted are common in easy, unstudied writing. But a writer should be careful not to construct too many of his sentences after this pattern (see Rule *14*).

Two-part sentences of which the second member is introduced by as (in the sense of *because*), *for, or, nor,* and *while* (in the sense of *and at the same time*) likewise require a comma before the conjunction.

If a dependent clause, or an introductory phrase requiring to be set off by a comma, precedes the second independent clause, no comma is needed after the conjunction.

The situation is perilous, but if we are prepared to act promptly, there is still one chance of escape.

For two-part sentences connected by an adverb, see the next section.

Rule 5

Do not join independent clauses by a comma.

If two or more clauses, grammatically complete and not joined by a conjunction, are to form a single compound sentence, the proper mark of punctuation is a semicolon.

Stevenson's romances are entertaining; they are full of exciting adventures.

It is nearly half past five; we cannot reach town before dark.

It is of course equally correct to write the above as two sentences each, replacing the semicolons by periods.

Stevenson's romances are entertaining. They are full of exciting adventures.

13

> It is nearly half past five. We cannot reach town before dark.

If a conjunction is inserted, the proper mark is a comma (Rule *4*).

> Stevenson's romances are entertaining, for they are full of exciting adventures.

> It is nearly half past five, and we cannot reach town before dark.

Note that if the second clause is preceded by an adverb, such as *accordingly, besides, so, then, therefore,* or *thus,* and not by a conjunction, the semicolon is still required.

> I had never been in the place before; so I had difficulty in finding my way about.

In general, however, it is best, in writing, to avoid using *so* in this manner; there is danger that the writer who uses it at all may use it too often. A simple correction, usually serviceable, is to omit the word *so*, and begin the first clause with *as:*

> As I had never been in the place before, I had difficulty in finding my way about.

If the clauses are very short, and are alike in

form, a comma is usually permissible:

Man proposes, God disposes.

The gate swung apart, the bridge fell, the portcullis was drawn up.

Rule 6

Do not break sentences in two.

In other words, do not use periods for commas.

I met them on a Cunard liner several years ago. Coming home from Liverpool to New York.

He was an interesting talker. A man who had traveled all over the world, and lived in half a dozen countries.

In both these examples, the first period should be replaced by a comma, and the following word begun with a small letter.

It is permissible to make an emphatic word or expression serve the purpose of a sentence and to punctuate it accordingly:

15

Again and again he called out. No reply.

The writer must, however, be certain that the emphasis is warranted, and that he will not be suspected of a mere blunder in punctuation.

Rules *3*, *4*, *5*, and *6* cover the most important principles in the punctuation of ordinary sentences; they should be so thoroughly mastered that their application becomes second nature.

Rule 7

A participial phrase at the beginning of a sentence must refer to the grammatical subject.

Walking slowly down the road, he saw a woman accompanied by two children.

The word *walking* refers to the subject of the sentence, not to the woman. If the writer wishes to make it refer to the woman, he must recast the sentence:

He saw a woman, accompanied by two children, walking slowly down the road.

Participial phrases preceded by a conjunction or by a preposition, nouns in apposition, adjectives, and adjective phrases come under the same rule if they begin the sentence.

> On arriving in Chicago, his friends met him at the station.

> When he arrived (or, On his arrival) in Chicago, his friends met him at the station.

> A soldier of proved valor, they entrusted him with the defence of the city.

> A soldier of proved valor, he was entrusted with the defence of the city.

> Young and inexperienced, the task seemed easy to me.

> Young and inexperienced, I thought the task easy.

> Without a friend to counsel him, the temptation proved irresistible.

> Without a friend to counsel him, he found the temptation irresistible.

Sentences violating this rule are often ludicrous.

Being in a dilapidated condition, I was able to buy the house very cheap.

Rule 8

Divide words at line-ends, in accordance with their formation and pronunciation.

If there is room at the end of a line for one or more syllables of a word, but not for the whole word, divide the word, unless this involves cutting off only a single letter, or cutting off only two letters of a long word. No hard and fast rule for all words can be laid down. The principles most frequently applicable are:

A. Divide the word according to its formation:

know-ledge (not knowl-edge); Shake-speare (not Shakes-peare); de-scribe (not des-cribe); atmo-sphere (not atmos-phere);

B. Divide "on the vowel":

edi-ble (not ed-ible); propo-sition; ordi-nary; espe-cial; reli-gious; oppo-nents; regu-lar; classi-fi-ca-tion(three divisions possible); deco-rative; presi-dent;

18   The Elements of Style

C. Divide between double letters, unless they come at the end of the simple form of the word:

Apen-nines; Cincin-nati; refer-ring; but tell-ing.

The treatment of consonants in combination is best shown from examples:

for-tune; pic-ture; presump-tuous; illus-tration; sub-stan-tial(either division); indus-try; instruc-tion; sug-ges-tion; incen-diary.

The student will do well to examine the syllable-division in a number of pages of any carefully printed book.

III.
ELEMENTARY PRINCIPLES OF COMPOSITION

Rule 9

Make the paragraph the unit of composition: one paragraph to each topic.

If the subject on which you are writing is of slight extent, or if you intend to treat it very briefly, there may be no need of subdividing it into topics. Thus a brief description, a brief summary of a literary work, a brief account of a single incident, a narrative merely outlining an action, the setting forth of a single idea, any one of these is best written in a single paragraph. After the paragraph has been written, it should be examined to see whether subdivision will not improve it.

Ordinarily, however, a subject requires subdivision into topics, each of which should be made the subject of a paragraph. The object of treating each topic in a paragraph by itself is, of course, to aid the reader. The beginning of each paragraph is a signal to him that a new step in the development of the subject has been reached.

The extent of subdivision will vary with the length of the composition. For example, a short notice of a book or poem might consist of a single paragraph. One slightly longer might consist of two paragraphs:

A. Account of the work.
B. Critical discussion.

A report on a poem, written for a class in literature, might consist of seven paragraphs:

A. Facts of composition and publication.
B. Kind of poem; metrical form.
C. Subject.
D. Treatment of subject.
E. For what chiefly remarkable.
F. Wherein characteristic of the writer.
G. Relationship to other works.

The contents of paragraphs C and D would vary with the poem. Usually, paragraph C would indicate the actual or imagined circumstances of the poem (the situation), if these call for explanation, and would then state the subject and outline its development. If the poem is a narrative in the third person throughout, paragraph C need contain no more than a concise summary of the action. Paragraph D would indicate the leading ideas

21

and show how they are made prominent, or would indicate what points in the narrative are chiefly emphasized.

A novel might be discussed under the heads:

A. Setting.
B. Plot.
C. Characters.
D. Purpose.

A historical event might be discussed under the heads:

A. What led up to the event.
B. Account of the event.
C. What the event led up to.

In treating either of these last two subjects, the writer would probably find it necessary to subdivide one or more of the topics here given.

As a rule, single sentences should not be written or printed as paragraphs. An exception may be made of sentences of transition, indicating the relation between the parts of an exposition or argument.

In dialogue, each speech, even if only a single word, is a paragraph by itself; that is, a new

paragraph begins with each change of speaker. The application of this rule, when dialogue and narrative are combined, is best learned from examples in well-printed works of fiction.

Rule 10

As a rule, begin each paragraph with a topic sentence; end it in conformity with the beginning.

Again, the object is to aid the reader. The practice here recommended enables him to discover the purpose of each paragraph as he begins to read it, and to retain the purpose in mind as he ends it. For this reason, the most generally useful kind of paragraph, particularly in exposition and argument, is that in which

A. the topic sentence comes at or near the beginning;

B. the succeeding sentences explain or establish or develop the statement made in the topic sentence; and

C. the final sentence either emphasizes the thought of the topic sentence or states some important consequence.

Ending with a digression, or with an unimportant detail, is particularly to be avoided.

If the paragraph forms part of a larger composition, its relation to what precedes, or its function as a part of the whole, may need to be expressed. This can sometimes be done by a mere word or phrase (*again; therefore; for the same reason*) in the topic sentence. Sometimes, however, it is expedient to precede the topic sentence by one or more sentences of introduction or transition. If more than one such sentence is required, it is generally better to set apart the transitional sentences as a separate paragraph.

According to the writer's purpose, he may, as indicated above, relate the body of the paragraph to the topic sentence in one or more of several different ways. He may make the meaning of the topic sentence clearer by restating it in other forms, by defining its terms, by denying the converse, by giving illustrations or specific instances; he may establish it by proofs; or he may develop it by showing its implications and consequences. In a long paragraph, he may carry out several of these processes.

1. Topic sentence.

Now, to be properly enjoyed, a walking tour should be gone upon alone.

2. The meaning made clearer by denial of the contrary.

If you go in a company, or even in pairs, it is no longer a walking tour in anything but name; it is something else and more in the nature of a picnic.

3. The topic sentence repeated, in abridged form, and supported by three reasons; the meaning of the third ("you must have your own pace") made clearer by denying the converse.

A walking tour should be gone upon alone, because freedom is of the essence; because you should be able to stop and go on, and follow this way or that, as the freak takes you; and because you must have your own pace, and neither trot alongside a champion walker, nor mince in time with a girl.

4. A fourth reason, stated in two forms.

And you must be open to all impressions and let your thoughts take colour from what you see.

5. The same reason, stated in still another form.

You should be as a pipe for any wind to play upon.

25

> **6. The same reason as stated by Hazlitt.**

"I cannot see the wit," says Hazlitt, "of walking and talking at the same time.

> **7. The same reason as stated by Hazlitt.**

When I am in the country, I wish to vegetate like the country," which is the gist of all that can be said upon the matter.

> **8. Repetition, in paraphrase, of the quotation from Hazlitt.**

There should be no cackle of voices at your elbow, to jar on the meditative silence of the morning.

> **9. Final statement of the fourth reason, in language amplified and heightened to form a strong conclusion.**

And so long as a man is reasoning he cannot surrender himself to that fine intoxication that comes of much motion in the open air, that begins in a sort of dazzle and sluggishness of the brain, and ends in a peace that passes comprehension.
—Stevenson, *Walking Tours.*

1. Topic sentence.

It was chiefly in the eighteenth century that a very different conception of history grew up.

2. The meaning of the topic sentence made clearer; the new conception of history defined.

Historians then came to believe that their task was not so much to paint a picture as to solve a problem; to explain or illustrate the successive phases of national growth, prosperity, and adversity.

3. The definition expanded.

The history of morals, of industry, of intellect, and of art; the changes that take place in manners or beliefs; the dominant ideas that prevailed in successive periods; the rise, fall, and modification of political constitutions; in a word, all the conditions of national well-being became the subjects of their works.

4. The definition explained by contrast.

They sought rather to write a history of peoples than a history of kings.

5. The definition supplemented: another element in the new conception of history.

They looked especially in history for the chain of causes and effects.

> **6. Conclusion: an important consequence of the new conception of history.**

They undertook to study in the past the physiology of nations, and hoped by applying the experimental method on a large scale to deduce some lessons of real value about the conditions on which the welfare of society mainly depend.
>   —Lecky, *The Political Value of History.*

In narration and description the paragraph sometimes begins with a concise, comprehensive statement serving to hold together the details that follow.

The breeze served us admirably.

The campaign opened with a series of reverses.

The next ten or twelve pages were filled with a curious set of entries.

But this device, if too often used, would become a mannerism. More commonly the opening sentence simply indicates by its subject with what the paragraph is to be principally concerned.

At length I thought I might return towards the stockade.

He picked up the heavy lamp from the table and began to explore.

Another flight of steps, and they emerged on the roof.

The brief paragraphs of animated narrative, however, are often without even this semblance of a topic sentence. The break between them serves the purpose of a rhetorical pause, throwing into prominence some detail of the action.

Rule 11

Use the active voice.

The active voice is usually more direct and vigorous than the passive:

I shall always remember my first visit to Boston.

This is much better than

My first visit to Boston will always be remembered by me.

The latter sentence is less direct, less bold, and less concise. If the writer tries to make it more

concise by omitting "by me",

My first visit to Boston will always be remembered.

it becomes indefinite: is it the writer, or some person undisclosed, or the world at large, that will always remember this visit?

This rule does not, of course, mean that the writer should entirely discard the passive voice, which is frequently convenient and sometimes necessary.

The dramatists of the Restoration are little esteemed today.

Modern readers have little esteem for the dramatists of the Restoration.

The first would be the right form in a paragraph on the dramatists of the Restoration; the second, in a paragraph on the tastes of modern readers. The need of making a particular word the subject of the sentence will often, as in these examples, determine which voice is to be used.

The habitual use of the active voice, however, makes for forcible writing. This is true not only in narrative principally concerned with action, but in writing of any kind. Many a tame sentence of

description or exposition can be made lively and emphatic by substituting a transitive in the active voice for some such perfunctory expression as *there is,* or *could be heard.*

There were a great number of dead leaves lying on the ground.

Dead leaves covered the ground.

The sound of the falls could still be heard.

The sound of the falls still reached our ears.

The reason that he left college was that his health became impaired.

Failing health compelled him to leave college.

It was not long before he was very sorry that he had said what he had.

He soon repented his words.

As a rule, avoid making one passive depend directly upon another.

> Gold was not allowed to be exported

> It was forbidden to export gold (The export of gold was prohibited).

> He has been proved to have been seen entering the building.

> It has been proved that he was seen to enter the building.

In both the examples above, before correction, the word properly related to the second passive is made the subject of the first.

A common fault is to use as the subject of a passive construction a noun which expresses the entire action, leaving to the verb no function beyond that of completing the sentence.

> A survey of this region was made in 1900.

> This region was surveyed in 1900.

> Mobilization of the army was rapidly carried out.

> The army was rapidly mobilized.

> Confirmation of these reports cannot be obtained.
>
> These reports cannot be confirmed.

Compare the sentence, "The export of gold was prohibited," in which the predicate "was prohibited" expresses something not implied in "export."

Rule 12

Put statements in positive form.

Make definite assertions. Avoid tame, colorless, hesitating, non-committal language. Use the word *not* as a means of denial or in antithesis, never as a means of evasion.

> He was not very often on time.
>
> He usually came late.

> He did not think that studying Latin was much use.
>
> He thought the study of Latin useless.

The Taming of the Shrew is rather weak in spots. Shakespeare does not portray Katharine as a very admirable character, nor does Bianca remain long in memory as an important character in Shakespeare's works.

The women in *The Taming of the Shrew* are unattractive. Katharine is disagreeable, Bianca insignificant.

The last example, before correction, is indefinite as well as negative. The corrected version, consequently, is simply a guess at the writer's intention.

All three examples show the weakness inherent in the word *not*. Consciously or unconsciously, the reader is dissatisfied with being told only what is not; he wishes to be told what is. Hence, as a rule, it is better to express a negative in positive form.

not honest	dishonest
not important	trifling
did not remember	forgot
did not pay any attention to	ignored

| did not have much confidence in | distrusted |

The antithesis of negative and positive is strong:

Not charity, but simple justice.

Not that I loved Caesar less, but Rome the more.

Negative words other than *not* are usually strong:

The sun never sets upon the British flag.

Rule 13

Omit needless words.

Vigorous writing is concise. A sentence should contain no unnecessary words, a paragraph no unnecessary sentences, for the same reason that a drawing should have no unnecessary lines and a machine no unnecessary parts. This requires not that the writer make all his sentences short, or that he avoid all detail and treat his subjects only in outline, but that every word tell.

Many expressions in common use violate this principle:

35

the question as to whether	whether (the question whether)
there is no doubt but that	no doubt (doubtless)
used for fuel purposes	used for fuel
he is a man who	he
in a hasty manner	hastily
this is a subject which	this subject
His story is a strange one.	His story is strange.

In especial the expression *the fact that* should be revised out of every sentence in which it occurs.

owing to the fact that	since (because)
in spite of the fact that	though (although)
call your attention to the fact that	remind you (notify you)
I was unaware of the fact that	I was unaware that (did not know)

| the fact that he had not succeeded | his failure |
| the fact that I had arrived | my arrival |

See also under *case, character, nature, system* in Chapter V.

Who is, which was, and the like are often superfluous.

| His brother, who is a member of the same firm |
| His brother, a member of the same firm |

| Trafalgar, which was Nelson's last battle |
| Trafalgar, Nelson's last battle |

As positive statement is more concise than negative, and the active voice more concise than the passive, many of the examples given under Rules *11* and *12* illustrate this rule as well.

A common violation of conciseness is the presentation of a single complex idea, step by step,

in a series of sentences which might to advantage be combined into one.

> Macbeth was very ambitious. This led him to wish to become king of Scotland. The witches told him that this wish of his would come true. The king of Scotland at this time was Duncan. Encouraged by his wife, Macbeth murdered Duncan. He was thus enabled to succeed Duncan as king. (55 words.)
>
> Encouraged by his wife, Macbeth achieved his ambition and realized the prediction of the witches by murdering Duncan and becoming king of Scotland in his place. (26 words.)

Rule 14

Avoid a succession of loose sentences.

This rule refers especially to loose sentences of a particular type, those consisting of two co-ordinate clauses, the second introduced by a conjunction or relative. Although single sentences of this type may be unexceptionable (see under Rule *4*), a series soon becomes monotonous and tedious.

An unskilful writer will sometimes construct a

whole paragraph of sentences of this kind, using as connectives *and, but,* and less frequently, *who, which, when, where, and while,* these last in non-restrictive senses (see under Rule *3*).

> The third concert of the subscription series was given last evening, and a large audience was in attendance. Mr. Edward Appleton was the soloist, and the Boston Symphony Orchestra furnished the instrumental music. The former showed himself to be an artist of the first rank, while the latter proved itself fully deserving of its high reputation. The interest aroused by the series has been very gratifying to the Committee, and it is planned to gi ve a similar series annually hereafter. The fourth concert will be given on Tuesday, May 10, when an equally attractive programme will be presented.

Apart from its triteness and emptiness, the paragraph above is bad because of the structure of its sentences, with their mechanical symmetry and sing-song. Contrast with them the sentences in the paragraphs quoted under Rule *10*, or in any piece of good English prose, as the preface (Before the Curtain) to *Vanity Fair.*

If the writer finds that he has written a series of sentences of the type described, he should recast enough of them to remove the monotony, replacing

39

them by simple sentences, by sentences of two clauses joined by a semicolon, by periodic sentences of two clauses, by sentences, loose or periodic, of three clauses—whichever best represent the real relations of the thought.

Rule 15

Express co-ordinate ideas in similar form.

This principle, that of parallel construction, requires that expressions of similar content and function should be outwardly similar. The likeness of form enables the reader to recognize more readily the likeness of content and function. Familiar instances from the Bible are the Ten Commandments, the Beatitudes, and the petitions of the Lord's Prayer.

The unskilful writer often violates this principle, from a mistaken belief that he should constantly vary the form of his expressions. It is true that in repeating a statement in order to emphasize it he may have need to vary its form. For illustration, see the paragraph from Stevenson quoted under Rule *10*. But apart from this, he should follow the principle of parallel construction.

| Formerly, science was taught by the textbook method, while now the laboratory method is employed. | Formerly, science was taught by the textbook method; now it is taught by the laboratory method. |

The left-hand version gives the impression that the writer is undecided or timid; he seems unable or afraid to choose one form of expression and hold to it. The right-hand version shows that the writer has at least made his choice and abided by it.

By this principle, an article or a preposition applying to all the members of a series must either be used only before the first term or else be repeated before each term.

| The French, the Italians, Spanish, and Portuguese |
| The French, the Italians, the Spanish, and the Portuguese |

| In spring, summer, or in winter |
| In spring, summer, or winter
(In spring, in summer, or in winter) |

Correlative expressions (*both, and; not, but; not only, but also; either, or; first, second, third;* and the like) should be followed by the same grammatical construction. Many violations of this rule can be corrected by rearranging the sentence.

It was both a long ceremony and very tedious.

The ceremony was both long and tedious.

A time not for words, but action

A time not for words, but for action

Either you must grant his request or incur his ill will.

You must either grant his request or incur his ill will.

My objections are, first, the injustice of the measure; second, that it is unconstitutional.

My objections are, first, that the measure is unjust; second, that it is unconstitutional.

See also the third example under Rule *12* and the last under Rule *13*.

It may be asked, what if a writer needs to express a very large number of similar ideas, say twenty? Must he write twenty consecutive sentences of the same pattern? On closer examination he will probably find that the difficulty is imaginary, that his twenty ideas can be classified in groups, and that he need apply the principle only within each group. Otherwise he had best avoid the difficulty by putting his statements in the form of a table.

Rule 16

Keep related words together.

The position of the words in a sentence is the principal means of showing their relationship. The writer must therefore, so far as possible, bring together the words, and groups of words, that are related in thought, and keep apart those which are not so related.

The subject of a sentence and the principal verb should not, as a rule, be separated by a phrase or clause that can be transferred to the beginning.

> Wordsworth, in the fifth book of *The Excursion*, gives a minute description of this church.

> In the fifth book of *The Excursion*, Wordsworth gives a minute description of this church.

> Cast iron, when treated in a Bessemer converter, is changed into steel.

> By treatment in a Bessemer converter, cast iron is changed into steel.

The objection is that the interposed phrase or clause needlessly interrupts the natural order of the main clause. This objection, however, does not usually hold when the order is interrupted only by a relative clause or by an expression in apposition. Nor does it hold in periodic sentences in which the interruption is a deliberately used means of creating suspense (see examples under Rule *18*).

The relative pronoun should come, as a rule, immediately after its antecedent.

> There was a look in his eye that boded mischief.

> In his eye was a look that boded mischief.

> He wrote three articles about his adventures in Spain, which were published in *Harper's Magazine*.

> He published in *Harper's Magazine* three articles about his adventures in Spain.

> This is a portrait of Benjamin Harrison, grandson of William Henry Harrison, who became President in 1889.

> This is a portrait of Benjamin Harrison, grandson of William Henry Harrison. He became President in 1889.

If the antecedent consists of a group of words, the relative comes at the end of the group, unless this would cause ambiguity.

> The Superintendent of the Chicago Division, who~

> A proposal to amend the Sherman Act, which has been variously judged

> A proposal, which has been variously judged, to amend the Sherman Act

> A proposal to amend the much-debated Sherman Act

45

> The grandson of William Henry Harrison, who
>
> William Henry Harrison's grandson, Benjamin Harrison, who

A noun in apposition may come between antecedent and relative, because in such a combination no real ambiguity can arise.

> The Duke of York, his brother, who was regarded with hostility by the Whigs

Modifiers should come, if possible next to the word they modify. If several expressions modify the same word, they should be so arranged that no wrong relation is suggested.

> All the members were not present.
>
> Not all the members were present.

> He only found two mistakes.
>
> He found only two mistakes.

46 The Elements of Style

> Major R. E. Joyce will give a lecture on Tuesday evening in Bailey Hall, to which the public is invited, on "My Experiences in Mesopotamia" at eight P. M.

> On Tuesday evening at eight P. M., Major R. E. Joyce will give in Bailey Hall a lecture on "My Experiences in Mesopotamia." The public is invited.

Rule 17

In summaries, keep to one tense.

In summarizing the action of a drama, the writer should always use the present tense. In summarizing a poem, story, or novel, he should preferably use the present, though he may use the past if he prefers. If the summary is in the present tense, antecedent action should be expressed by the perfect; if in the past, by the past perfect.

> An unforeseen chance prevents Friar John from delivering Friar Lawrence's letter to Romeo. Juliet, meanwhile, owing to her father's arbitrary change of the day set for her wedding, has been compelled to drink the potion on Tuesday night, with the result that Balthasar informs Romeo of

her supposed death before Friar Lawrence learns of the nondelivery of the letter.

But whichever tense be used in the summary, a past tense in indirect discourse or in indirect question remains unchanged.

The Legate inquires who struck the blow.

Apart from the exceptions noted, whichever tense the writer chooses, he should use throughout. Shifting from one tense to the other gives the appearance of uncertainty and irresolution (compare Rule 15).

In presenting the statements or the thought of some one else, as in summarizing an essay or reporting a speech, the writer should avoid intercalating such expressions as "he said," "he stated," "the speaker added," "the speaker then went on to say," "the author also thinks," or the like. He should indicate clearly at the outset, once for all, that what follows is summary, and then waste no words in repeating the notification.

In notebooks, in newspapers, in handbooks of literature, summaries of one kind or another may be indispensable, and for children in primary schools it is a useful exercise to retell a story in their own

words. But in the criticism or interpretation of literature the writer should be careful to avoid dropping into summary. He may find it necessary to devote one or two sentences to indicating the subject, or the opening situation, of the work he is discussing; he may cite numerous details to illustrate its qualities. But he should aim to write an orderly discussion supported by evidence, not a summary with occasional comment. Similarly, if the scope of his discussion includes a number of works, he will as a rule do better not to take them up singly in chronological order, but to aim from the beginning at establishing general conclusions.

Rule 18

Place the emphatic words of a sentence at the end.

The proper place for the word, or group of words, which the writer desires to make most prominent is usually the end of the sentence.

> Humanity has hardly advanced in fortitude since that time, though it has advanced in many other ways.

> Humanity, since that time, has advanced in many other ways, but it has hardly advanced in **fortitude**.

> This steel is principally used for making razors, because of its hardness.

> Because of its hardness, this steel is principally used in making **razors**.

The word or group of words entitled to this position of prominence is usually the logical predicate, that is, the new element in the sentence, as it is in the second example.

The effectiveness of the periodic sentence arises from the prominence which it gives to the main statement.

> Four centuries ago, Christopher Columbus, one of the Italian mariners whom the decline of their own republics had put at the service of the world and of adventure, seeking for Spain a westward passage to the Indies as a set-off against the achievements of Portuguese discoverers, lighted on America.

> With these hopes and in this belief I would urge you, laying aside all hindrance, thrusting away all

private aims, to devote yourselves unswervingly and unflinchingly to the vigorous and successful prosecution of this war.

The other prominent position in the sentence is the beginning. Any element in the sentence, other than the subject, becomes emphatic when placed first.

Deceit or treachery he could never forgive.

So vast and rude, fretted by the action of nearly three thousand years, the fragments of this architecture may often seem, at first sight, like works of nature.

A subject coming first in its sentence may be emphatic, but hardly by its position alone. In the sentence,

Great kings worshipped at his shrine.

the emphasis upon kings arises largely from its meaning and from the context. To receive special emphasis, the subject of a sentence must take the position of the predicate.

Through the middle of the valley flowed a winding stream.

51

The principle that the proper place for what is to be made most prominent is the end applies equally to the words of a sentence, to the sentences of a paragraph, and to the paragraphs of a composition.

IV.
A FEW MATTERS OF FORM

• **Headings.** Leave a blank line, or its equivalent in space, after the title or heading of a manuscript. On succeeding pages, if using ruled paper, begin on the first line.

• **Numerals.** Do not spell out dates or other serial numbers. Write them in figures or in Roman notation, as may be appropriate.

> August 9, 1918
> Chapter XII
> Rule 3
> 352nd Infantry

• **Parentheses.** A sentence containing an expression in parenthesis is punctuated, outside of the marks of parenthesis, exactly as if the expression in parenthesis were absent. The expression within is punctuated as if it stood by itself, except that the final stop is omitted unless it is a question mark or an exclamation point.

> I went to his house yesterday (my third attempt to see him), but he had left town.

> He declares (and why should we doubt his good faith?) that he is now certain of success.

(When a wholly detached expression or sentence is parenthesized, the final stop comes before the last mark of parenthesis.)

• **Quotations.** Formal quotations, cited as documentary evidence, are introduced by a colon and enclosed in quotation marks.

> The provision of the Constitution is: "No tax or duty shall be laid on articles exported from any state."

Quotations grammatically in apposition or the direct objects of verbs are preceded by a comma and enclosed in quotation marks.

> I recall the maxim of La Rochefoucauld, "Gratitude is a lively sense of benefits to come."
>
> Aristotle says, "Art is an imitation of nature."

Quotations of an entire line, or more, of verse, are begun on a fresh line and centred, but not enclosed in quotation marks.

Wordsworth's enthusiasm for the Revolution was at first unbounded:

> Bliss was it in that dawn to be alive,
> But to be young was very heaven!

Quotations introduced by that are regarded as in indirect discourse and not enclosed in quotation marks.

Keats declares that beauty is truth, truth beauty.

Proverbial expressions and familiar phrases of literary origin require no quotation marks.

These are the times that try men's souls.

He lives far from the madding crowd.

The same is true of colloquialisms and slang.

• **References.** In scholarly work requiring exact references, abbreviate titles that occur frequently, giving the full forms in an alphabetical list at the end. As a general practice, give the references in parenthesis or in footnotes, not in the body of the sentence. Omit the words *act, scene, line, book, volume, page,* except when referring by only one of them. Punctuate as indicated below.

In the second scene of the third act

In III.ii (still better, simply insert III.ii in parenthesis at the proper place in the sentence)

After the killing of Polonius, Hamlet is placed under guard (IV. ii. 14).

2 *Samuel* i:17-27

Othello II.iii 264-267, III.iii. 155-161

• **Titles.** For the titles of literary works, scholarly usage prefers italics with capitalized initials. The usage of editors and publishers varies, some using italics with capitalized initials, others using Roman with capitalized initials and with or without quotation marks. Use italics (indicated in manuscript by underscoring), except in writing for a periodical that follows a different practice. Omit initial *A* or *The* from titles when you place the possessive before them.

The Iliad; *the Odyssey*; *As You Like It*; *To a Skylark*; *The Newcomes*; *A Tale of Two Cities*; Dickens's *Tale of Two Cities*.

V.
WORDS AND EXPRESSIONS COMMONLY MISUSED

(Many of the words and expressions here listed are not so much bad English as bad style, the commonplaces of careless writing. As illustrated under *Feature*, the proper correction is likely to be not the replacement of one word or set of words by another, but the replacement of vague generality by definite statement.)

• **All right.** Idiomatic in familiar speech as a detached phrase in the sense, "Agreed," or "Go ahead." In other uses better avoided. Always written as two words.

• **As good or better than.** Expressions of this type should be corrected by rearranging the sentence.

| My opinion is as good or better than his. |
| My opinion is as good as his, or better(if not better). |

57

• **As to whether.** *Whether* is sufficient; see under Rule *13*.

• **Bid.** Takes the infinitive without *to*. The past tense is *bade*. (현대 영어에서는 쓰이지 않음)

• **Case.** *The Concise Oxford Dictionary* begins its definition of this word: "instance of a thing's occurring; usual state of affairs." In these two senses, the word is usually unnecessary.

> In many cases, the rooms were poorly ventilated.
>
> Many of the rooms were poorly ventilated.
>
> It has rarely been the case that any mistake has been made.
>
> Few mistakes have been made.

See Wood, *Suggestions to Authors*, pp. 68-71, and Quiller-Couch, *The Art of Writing*, pp. 103-106.

• **Certainly.** Used indiscriminately by some speakers, much as others use very, to intensify any and every statement. A mannerism of this kind, bad in speech, is even worse in writing.

58 The Elements of Style

- **Character.** Often simply redundant, used from a mere habit of wordiness.

Acts of a hostile character
Hostile acts

- **Claim, vb.** With object-noun, means *lay claim to*. May be used with a dependent clause if this sense is clearly involved: "He claimed that he was the sole surviving heir." (But even here, "claimed to be" would be better.) Not to be used as a substitute for *declare, maintain,* or *charge.*

- **Compare.** To *compare to* is to point out or imply resemblances, between objects regarded as essentially of different order; to *compare with* is mainly to point out differences, between objects regarded as essentially of the same order. Thus life has been compared to a pilgrimage, to a drama, to a battle; Congress may be compared with the British Parliament. Paris has been compared to ancient Athens; it may be compared with modern London.

- **Clever.** This word has been greatly overused; it is best restricted to ingenuity displayed in small matters.

- **Consider.** Not followed by *as* when it means, "believe to be." "I consider him thoroughly competent." Compare, "The lecturer considered Cromwell first as soldier and second as administrator," where "considered" means "examined" or "discussed."

- **Dependable.** A needless substitute for *reliable, trustworthy.*

- **Due to.** Incorrectly used for *through, because of,* or *owing to,* in adverbial phrases: "He lost the first game, due to carelessness." In correct use related as predicate or as modifier to a particular noun: "This invention is due to Edison"; "losses due to preventable fires."

- **Effect.** As noun, means *result;* as verb, means *to bring about, accomplish* (not to be confused with *affect,* which means "to influence").

As noun, often loosely used in perfunctory writing about fashions, music, painting, and other arts: "an Oriental effect"; "effects in pale green"; "very delicate effects"; "broad effects"; "subtle effects"; "a charming effect was produced by." The writer who has a definite meaning to express will not take refuge in such vagueness.

- **Etc.** Not to be used of persons. Equivalent to *and the rest, and so forth,* and hence not to be used if one of these would be insufficient, that is, if the reader would be left in doubt as to any important particulars. Least open to objection when it represents the last terms of a list already given in full, or immaterial words at the end of a quotation.

At the end of a list introduced by *such as, for example,* or any similar expression, etc. is incorrect.

- **Fact.** Use this word only of matters of a kind capable of direct verification, not of matters of judgment. That a particular event happened on a given date, that lead melts at a certain temperature, are facts. But such conclusions as that Napoleon was the greatest of modern generals, or that the climate of California is delightful, however incontestable they may be, are not properly facts.

On the formula *the fact that*, see under Rule *13.*

- **Factor.** A hackneyed word; the expressions of which it forms part can usually be replaced by something more direct and idiomatic.

> His superior training was the great factor in his winning the match.

61

> He won the match by being better trained.

> Heavy artillery is becoming an increasingly important factor in deciding battles.

> Heavy artillery is playing a larger and larger part in deciding battles.

• **Feature.** Another hackneyed word; like *factor* it usually adds nothing to the sentence in which it occurs.

> A feature of the entertainment especially worthy of mention was the singing of Miss A.

> (Better use the same number of words to tell what Miss A. sang, or if the programme has already been given, to tell something of how she sang.)

As a verb, in the advertising sense of *offer as a special attraction*, to be avoided.

• **Fix.** Colloquial in America for *arrange, prepare, mend.* In writing restrict it to its literary senses, *fasten, make firm* or *immovable,* etc.

• **He is a man who.** A common type of

62 The Elements of Style

redundant expression; see Rule *13*.

> He is a man who is very ambitious.

> He is very ambitious.

> Spain is a country which I have always wanted to visit.

> I have always wanted to visit Spain.

• **However.** In the meaning *nevertheless*, not to come first in its sentence or clause.

> The roads were almost impassable. However, we at last succeeded in reaching camp.

> The roads were almost impassable. At last, however, we succeeded in reaching camp.

When *however* comes first, it means *in whatever way* or *to whatever extent*.

> However you advise him, he will probably do as he thinks best.

> However discouraging the prospect, he never lost heart.

63

• **Kind of.** Not to be used as a substitute for *rather* (before adjectives and verbs), or except in familiar style, for *something like* (before nouns). Restrict it to its literal sense: "Amber is a kind of fossil resin"; "I dislike that kind of notoriety." The same holds true of *sort of.*

• **Less.** Should not be misused for *fewer.*

> He had less men than in the previous campaign.
>
> He had fewer men than in the previous campaign.

Less refers to quantity, *fewer* to number. "His troubles are less than mine" means "His troubles are not so great as mine." "His troubles are fewer than mine" means "His troubles are not so numerous as mine." It is, however, correct to say, "The signers of the petition were less than a hundred," where the round number, a hundred, is something like a collective noun, and *less* is thought of as meaning a less quantity or amount.

• **Line, along these lines.** *Line* in the sense of *course of procedure, conduct, thought,* is allowable, but has been so much overworked, particularly in the phrase *along these lines,* that a writer who aims

64 The Elements of Style

at freshness or originality had better discard it entirely.

Mr. B. also spoke along the same lines.
Mr. B. also spoke, to the same effect.

He is studying along the line of French literature.
He is studying French literature.

• **Literal, literally.** Often incorrectly used in support of exaggeration or violent metaphor.

A literal flood of abuse
A flood of abuse

Literally dead with fatigue
Almost dead with fatigue (dead tired)

• **Lose out.** Meant to be more emphatic than *lose,* but actually less so, because of its commonness. The same holds true of *try out, win out, sign up, register up.* With a number of verbs, *out* and *up* form idiomatic combinations: *find out, run out, turn*

out, cheer up, dry up, make up, and others, each distinguishable in meaning from the simple verb. *Lose out* is not.

- **Most.** Not to be used for almost.

Most everybody	Almost everybody
Most all the time	Almost all the time

- **Nature.** Often simply redundant, used like character.

Acts of a hostile nature	Hostile acts

Often vaguely used in such expressions as "a lover of nature"; "poems about nature." Unless more specific statements follow, the reader cannot tell whether the poems have to do with natural scenery, rural life, the sunset, the untracked wilderness, or the habits of squirrels.

- **Near by.** Adverbial phrase, not yet fully accepted as good English, though the analogy of *close by* and *hard by* seems to justify it. *Near*, or *near at hand*, is as good, if not better.

66 The Elements of Style

Not to be used as an adjective; use *neighboring.*

• **Oftentimes, ofttimes.** Archaic forms, no longer in good use. The modern word is *often.*

• **One hundred and one.** Retain the and in this and similar expressions, in accordance with the unvarying usage of English prose from Old English times. (현대 영어에서는 쓰이지 않음)

• **One of the most.** Avoid beginning essays or paragraphs with this formula, as, "One of the most interesting developments of modern science is, etc."; "Switzerland is one of the most interesting countries of Europe." There is nothing wrong in this; it is simply threadbare and forcible-feeble.

• **People.** *The people* is a political term, not to be confused with *the public.* From the people comes political support or opposition; from the public comes artistic appreciation or commercial patronage.

The word *people* is not to be used with words of number, in place of *persons.* If of "six people" five went away, how many "people" would be left?

• **Phase.** Means a stage of transition or development: "the phases of the moon"; "the last

67

phase. " Not to be used for *aspect* or *topic*.

Another phase of the subject	Another point (another question)

- **Possess.** Not to be used as a mere substitute for *have* or *own*.

He possessed great courage.
He had great courage (was very brave).
He was the fortunate possessor of~
He owned~

- **Respective, respectively.** These words may usually be omitted with advantage.

Works of fiction are listed under the names of their respective authors.
Works of fiction are listed under the names of their authors..
The one mile and two mile runs were won by Jones and Cummings respectively.

> The one mile and two mile runs were won by Jones and by Cummings.

In some kinds of formal writing, as in geometrical proofs, it may be necessary to use *respectively,* but it should not appear in writing on ordinary subjects.

• **So.** Avoid, in writing, the use of so as an intensifier: "so good"; "so warm"; "so delightful."

On the use of *so* to introduce clauses, see Rule *4.*

• **Sort of.** See under *Kind of.*

• **State.** Not to be used as a mere substitute for *say, remark.* Restrict it to the sense of *express fully or clearly,* as, "He refused to state his objections."

• **Student body.** A needless and awkward expression, meaning no more than the simple word *students.*

> A member of the student body
>
> A student

> Popular with the student body

> Liked by the students

> The student body passed resolutions.

> The students passed resolutions.

• **System.** Frequently used without need.

> Dayton has adopted the commission system of government.

> Dayton has adopted government by commission.

> The dormitory system

> Dormitories

• **Thanking you in advance.** This sounds as if the writer meant, "It will not be worth my while to write to you again." Simply write, "Thanking you," and if the favor which you have requested is granted, write a letter of acknowledgment.

• **They.** A common inaccuracy is the use of the plural pronoun when the antecedent is a distributive

expression such as *each, each one, everybody, every one, many a man,* which, though implying more than one person, requires the pronoun to be in the singular. Similar to this, but with even less justification, is the use of the plural pronoun with the antecedent *anybody, any one, somebody, some one,* the intention being either to avoid the awkward "he or she," or to avoid committing oneself to either. Some bashful speakers even say, "A friend of mine told me that they, etc."

Use *he* with all the above words, unless the antecedent is or must be feminine.

• **Very.** Use this word sparingly. Where emphasis is necessary, use words strong in themselves.

• **Viewpoint.** Write *point of view,* but do not misuse this, as many do, for *view* or *opinion.* (현대 영어에서는 쓰이지 않음)

• **While.** Avoid the indiscriminate use of this word for *and, but,* and *although.* Many writers use it frequently as a substitute for *and* or *but,* either from a mere desire to vary the connective, or from uncertainty which of the two connectives is the more appropriate. In this use it is best replaced by a

71

semicolon.

This is entirely correct, as shown by the paraphrase,

> The office and salesrooms are on the ground floor, while the rest of the building is devoted to manufacturing.

> The office and salesrooms are on the ground floor; the rest of the building is devoted to manufacturing.

Its use as a virtual equivalent of *although* is allowable in sentences where this leads to no ambiguity or absurdity.

> While I admire his energy, I wish it were employed in a better cause.

> I admire his energy; at the same time I wish it were employed in a better cause.

Compare:

> While the temperature reaches 90 or 95 degrees in the daytime, the nights are often chilly.

> Although the temperature reaches 90 or 95 degrees in the daytime, the nights are often chilly.

The paraphrase,

> The temperature reaches 90 or 95 degrees in the daytime; at the same time the nights are often chilly.

shows why the use of *while* is incorrect.

In general, the writer will do well to use *while* only with strict literalness, in the sense of *during the time that*.

• **Whom.** Often incorrectly used for *who* before *he said* or similar expressions, when it is really the subject of a following verb.

> His brother, whom he said would send him the money
>
> His brother, who he said would send him the money

73

The man whom he thought was his friend

The man who (that) he thought was his friend
(whom he thought his friend)

• **Worth while.** Overworked as a term of vague approval and (with *not*) of disapproval. Strictly applicable only to actions: "Is it worth while to telegraph?"

His books are not worth while.

His books are not worth reading (not worth one's while to read; do not repay reading).

The use of *worth while* before a noun ("a worth while story") is indefensible. (현대 영어에서는 쓰이지 않음)

• **Would.** A conditional statement in the first person requires *should*, not *would*.

I should not have succeeded without his help.

The equivalent of *shall* in indirect quotation after a verb in the past tense is *should*, not *would*.

He predicted that before long we should have a great surprise.

74 The Elements of Style

To express habitual or repeated action, the past tense, without *would,* is usually sufficient, and from its brevity, more emphatic.

Once a year he would visit the old mansion.

Once a year he visited the old mansion.

(현대 영어에서는 쓰이지 않음)

VI.
WORDS OFTEN MISSPELLED

accidentally	formerly	privilege
advice	humorous	pursue
affect	hypocrisy	repetition
beginning	immediately	rhyme
believe	incidentally	rhythm
benefit	latter	ridiculous
challenge	led	sacrilegious
criticize	lose	seize
deceive	marriage	separate
definite	mischief	shepherd
describe	murmur	siege
despise	necessary	similar
develop	occurred	simile
disappoint	parallel	too
duel	Philip	tragedy
ecstasy	playwright	tries
effect	preceding	undoubtedly
existence	prejudice	until
fiery	principal	... ,etc.

Write *to-day, to-night, to-morrow* (but not *together*)